GLOBAL CURRENCY RESERVE

Dot Money
Το Παγκόσμιο αποθεματικό νόμισμα
Ερωτήσεις & απαντήσεις
ΕΚΔΟΣΗ 2015

Www.DotMoney.Cash
WWW.GLOBALCURRENCYRESERVE.COM
WWW.DOTMONEYBOOK.COM

Eric Majors
WWW.ERICMAJORS.COM

Δημοσιεύτηκε από την The Write For Right Project
WWW.WRITEFORRIGHT.COM

Το The Write For Right Project είναι ένα διεθνές ,ανθρωπιστικά βιώσιμο
πρόγραμμα του εκδοτικού τομέα της Xt Blue,Inc.
όπου χρηματοδοτείται από ένα συνδυασμό δωρεών και πωλήσεις προϊόντων,
καθώς και με την οικονομική υποστήριξη της Xt Blue, Inc.
WWW.XTBLUE.COM
Παρακαλούμε να υποστηρίξετε τους στόχους και το έργο του
The Write For Right Project για να βοηθήσει όλους τους καλλιτέχνες της
παγκόσμιας αγοράς αγοράζοντας
προϊόντα που αποτελούν χορηγία του The Write For Right Project
και κάνοντας δωρεές στο The Write For Right Project μέσω της ιστοσελίδας
WWW.WRITEFORRIGHT.COM

Περιεχόμενα

Ευχαριστίες

Ευχαριστίες

Ευχαριστώ τον Derick Smith για την επιμελή εξέταση του υλικού σε αυτό το βιβλίο,για την καλλιτεχνική επιμέλεια και για τη δημιουργία του εξωφύλλου. Ευχαριστώ το πρόγραμμα WriteForRight.Com για το μεγάλο έργο που προσέφεραν σε εμένα ως εκδότη και για την ανάπτυξη και δημοσίευση των έργων άλλων καλλιτεχνών που έρχονται έρχονται αντιμέτωποι με δύσκολες καταστάσεις. Ευχαριστώ όλους αυτούς στην παγκόσμια κοινότητα του Dot Money και του Παγκόσμιου αποθεματικού νομίσματος (GCR) που συνέβαλλαν στην δημιουργία των συστημάτων του Dot Money και GCR,προκειμένου να θεσπίσουν την επόμενη μέρα και το μέλλον της παγκόσμιας οικονομικής ευημερίας.

Ευχαριστώ όλους εκείνους που εργάζονται ανά τον κόσμο προσπαθώντας να ξεκλειδώσουν τα οφέλη του χρήματος για το μέλλον και προς όφελος της ανθρωπότητας, αναπτύσσοντας εικονικά και πραγματικά τραπεζογραμμάτια και για την τεχνολογία που μας παρέχουν έτσι ώστε να ζούμε σε ένα κόσμο όπου το χρήμα θα δουλεύει για τον άνθρωπο και όχι ο άνθρωπος για το χρήμα.

Αφιέρωση προς τον αναγνώστη.
"Δεν είμαστε τώρα η δύναμη που τον παλιό καιρό κινούσε γη και ουρανό;
Ο ένας και ίσος χτύπος μιας ηρωικής καρδιάς.
Ο χτύπος εκείνος που εξασθενεί από τον χρόνο και την μοίρα αλλά δυναμώνει από την ανθρώπινη θέληση.
Για την προσπάθεια για την αναζήτηση,για την ανακάλυψη και όχι για την απόδοση."

Από τον Alfred Lord Ben Tennyson ποίημα Οδυσσέας

Εισαγωγή

Αυτό το βιβλίο έχει σχεδιαστεί για να βοηθήσει τον αναγνώστη να εξοικειωθεί με τους σκοπούς και τη λειτουργία του Dot Money και το παγκόσμιο αποθεματικό νόμισμα (GCR).Η έννοια του Dot Money διατυπώθηκε για πρώτη φορά το 2014στο βιβλίο "Dot Money" από τον Eric Majors (www.DotMoneyBook.com) και αυτή τη στιγμή διανέμεται σε ολόκληρο τον κόσμο. Αυτό το βιβλίο έχει ως στόχο να παράσχει μια γρήγορη επισκόπηση των λειτουργιών και εφαρμογών του Dot Money.Για περισσότερες πληροφορίες σχετικά με τα κίνητρα, τον σχεδιασμό και την φιλοσοφία του Dot Money, είναι απαραίτητο να διαβάσετε το πρωτότυπο βιβλίο "Dot Money"
Αυτό το βιβλίο είναι γραμμένο με τη μορφή ανεξάρτητων ερωτήσεων και απαντήσεων, ώστε να βοηθήσει τους αναγνώστες να βρουν γρήγορα τις πληροφορίες που είναι πιο κατάλληλες για αυτούς. Προκειμένου να καταστεί ποιο γρήγορα δυνατή η κατανόηση του βιβλίου πολλές από τις θεμελιώδης έννοιες επαναλαμβάνονται σε διάφορες μορφές, με την μορφή απαντήσεων σε διαφορετικές ερωτήσεις.

Στο βιβλίο μερικές φράσεις είναι υπογραμμισμένες με έντονη γραφή προκειμένου να επιταχυνθεί η διαδικασία ανάγνωσης για όσους θέλουν μόνο μια επισκόπηση υψηλού επιπέδου.

Το Dot Money είναι ένα νέου είδος νόμισμα της παγκόσμιας κοινότητας που ενσωματώνει την τεχνολογία άλλων εικονικών νομισμάτων και ενσωματώνει πολλά νέα χαρακτηριστικά που του επιτρέπουν να χρησιμοποιείτε με ή χωρίς τους υπολογιστές και το internet.

Ο σχεδιασμός και ο στόχος του Dot Money είναι να εισαγάγει μια νέα εποχή στην παγκόσμια οικονομική ευημερία και σταθερότητα σε ολόκληρο τον κόσμο και να επιλύσει κάποια από τα σημαντικότερα προβλήματα που αντιμετωπίζει σήμερα ο κόσμος, συμπεριλαμβανομένου και του τερματισμού της φτώχειας.

Το Dot Money λειτουργεί σε συνδυασμό με άλλα νομίσματα και βοηθά στη διατήρηση της αξίας των άλλων νομισμάτων.
Μολονότι το Dot Money μπορεί να χρησιμοποιηθεί όπως και τα χρήματα δεν είναι σχεδιασμένο για να αντικαταστήσει άλλα υπάρχοντα νομίσματα αλλά παρέχει μια λύση, η οποία δεν υπάρχει σήμερα στην παγκόσμια αγορά.

Το Παγκόσμιο αποθεματικό νόμισμα (GCR) είναι ο διαχειριστής και ο πρωτογενής ειδικός διαπραγματευτής του Dot Money.Οι όροι Dot Money και το Παγκόσμιο αποθεματικό νόμισμα (GCR) χρησιμοποιούνται συχνά εναλλάξ.

Το Dot Money και το παγκόσμιο αποθεματικό νόμισμα.

Dot Money είναι ένα ισχυρό εργαλείο του ιδιωτικού τομέα που δημιουργήθηκε από ανθρώπους σε όλο τον κόσμο με σκοπό να παρέχει σε κάθε πολίτη στον κόσμο ένα ελάχιστο μηνιαίο εισόδημα-επίδομα διαβίωσης, να βοηθήσει στην επίλυση των προβλημάτων της φτώχειας, της παγκόσμιας οικονομικής αστάθειας τους δυσβάστακτους φόρους, τη αφερεγγυότητα των κυβερνήσεων και των αναποτελεσματικών προγραμμάτων κοινωνικής πρόνοιας.

Το Dot Money είναι μια πραγματική παγκόσμια ενσάρκωση των ιδεών που προβάλλει, το έτος 2014 το βιβλίο "Dot Money" από τον Eric Majors (βλ. www.DotMoneyBook.com)που υποστηρίζεται από πολλούς ανθρώπους σε όλο τον κόσμο από όλα τα κοινωνικά στρώματα
Το Dot Money είναι ένα νέο είδους εικονικό νόμισμα που βασίζεται στα επιτυχημένα χαρακτηριστικά του Bit Coin καθώς και άλλα νομίσματα της παγκόσμιας κοινότητας όπως η λίρα Brixton,αλλά με εκτεταμένες και διευρυμένες δυνατότητες και χαρακτηριστικά που έχουν σχεδιαστεί ειδικά για να βοηθήσουν στην επίλυση των μεγάλων προβλημάτων του πλανήτη. Μέσα σε αυτές τις δυνατότητες συμπεριλαμβάνεται και η ικανότητα του να βοηθήσει στην εξασφάλιση ενός σταθερού εγγυημένου ελάχιστου μηνιαίο εισοδήματος για κάθε πολίτη του κόσμου που θα του επιτρέπει να διατηρεί ένα ελάχιστο επίπεδο διαβίωσης καθώς και να τονώσει την οικονομία. Το Dot Money έχει σχεδιαστεί ειδικά για να συμβάλει στη μείωση της φτώχειας, τη μείωση της φορολογίας,

ενδεχομένως να εξαλείψει την ανάγκη για φόρους, συμβάλει στην υποστήριξη της αξίας όλων των νομισμάτων του κόσμου, δημιουργεί μια πιο ισχυρή και σταθερή παγκόσμια οικονομία, παρέχει ασφάλεια από ανθρωπογενείς και φυσικές καταστροφές, διασφαλίζει την υγιή αναζήτηση όλων των ανθρώπων για υγεία, ευτυχία και τη γενική ευημερία του κόσμου. Οι τεχνολογίες και οι κανονισμοί που ρυθμίζουν την λειτουργία του Dot Money που δημιουργούνται με την συνδρομή και προς εξυπηρέτηση των ιδιωτών, επιχειρήσεων, τραπεζών και κυβερνήσεων όλων των μεγεθών σε όλο τον κόσμο.

Ο κύριος διαχειριστής του Dot Money είναι το Παγκόσμιο αποθεματικό νόμισμα (GCR) και έτσι τα ονόματα Dot Money και το Παγκόσμιο αποθεματικό νόμισμα (GCR) ενδέχεται να χρησιμοποιούνται εναλλάξ. Το σχέδιο του GCR και του Dot Money είναι να παράσχουν σε κάθε φιλήσυχο πολίτη στον κόσμο,με ένα ελάχιστο εισόδημα παρέχοντας του την δυνατότητα να πληρώνει για τροφή και κατάλυμα, και για να βοηθήσει στην κάλυψη του κόστους της ιατρικής περίθαλψης,παιδείας,μεταφορών και επικοινωνίας,**χωρίς να δημιουργείτε η ανάγκη για δανεισμό από επιχηρήσεις,κυβέρνηση ή οποιονδήποτε άλλο,χωρίς την ανάγκη για ανακατανομή του πλούτου ή την ιδέα της ισοκατανομής και της οικονομικής ισότητας. Το Dot Money δεν απαιτεί κεφάλαια από τον πλούσιο για να βοηθηθεί ο φτωχός ούτε απαιτεί άντληση πόρων από τους κρατικούς προϋπολογισμούς για να επιτύχει τους στόχους του.**Το Dot Money το μοναδικό επιχειρησιακό σχέδιο που δεν απαιτεί την λήψη οποιουδήποτε κεφαλαίου από κανέναν για να πληρώσει για οποιεσδήποτε δαπάνες αντιθέτως προσθέτει ένα κρίσιμο δίχτυ ασφαλείας για όλους τους ανθρώπους στον κόσμο και τις κυβερνήσεις τους.Το Dot Money επιτρέπει στους ανθρώπους οι οποίοι έχουν την τύχη της οικονομικής ευμάρειας να διατηρήσουν τα κέρδη τους και ταυτόχρονα να υποστηρίζουν όσους βρέθηκαν σε οικονομική δυσχέρεια για οποιονδήποτε λόγο. Υγιής και καλοπληρωμένοι καταναλωτές δημιουργούν και στηρίζουν μια υγιή οικονομία, αυξάνοντας έτσι την υγεία και την ευημερία του συνόλου του πληθυσμού του πλανήτη.

Η ισχύς του Dot Money εδραιώνεται από εκείνους τους ανθρώπους οι οποίοι υποστηρίζουν το Dot Money,οι κάνουν μετατροπές συναλλάγματος σε Dot Money και επιμένουν στο να συναλλάσσονται σε Dot Money προκειμένου να προωθήσουν τις αξίες και τους στόχους του Dot Money για να δημιουργήσουμε έναν καλύτερο και ποιο σταθερό κόσμο.

Ποιες είναι οι μονάδες του Dot Money;

Μία μονάδα του Dot Money ονομάζεται ένα "Dot" και δεν δημιουργήθηκε ούτε υποστηρίζεται ως χρεόγραφο αλλά δημιουργείται και αποτιμάται με βάση την τιμή της ανταλλαγής των ενσώματων ιδίων κεφαλαίων και της ανθρώπινης θέλησης και, πιο συγκεκριμένα, από την επιθυμία (ζήτηση) για χρήση Dot Money σε αντάλλαγμα για τα αγαθά και τις υπηρεσίες, στην προσπάθεια υποστήριξης μιας σταθερής παγκόσμιας οικονομίας, και την υγεία και την ευημερία όλων των ανθρώπων στον κόσμο.**Μπορείτε να σκεφτείτε την αξία του ενός Dot ως ίση προς την αγοραστική δύναμη του ενός δολαρίου Η.Π.Α.που είχε την 1η Δεκεμβρίου 2014.**

Το μοναδικά χαρακτηριστικά του Dot.Money και η χρηματοοικονομική του δομή επιτρέπουν την ανταλλαγή των Dot Money από και προς διάφορα νομίσματα σε όλο τον κόσμο μέσα σε αυστηρά καθορισμένες ισοτιμίες που καθορίζονται μέσα από το **Παγκόσμιο νομισματικό αποθεματικό (GCR)**,η οποία είναι ο κύριος παγκόσμιος πάροχος ρευστότητας για Dot Money.Το GCR συνεργάζεται με τις κυβερνήσεις, τις επιχειρήσεις και τις τράπεζες στα αντίστοιχα εδάφη τους, προκειμένου να βοηθήσει στην καθιέρωση των ορίων για τις σταθερές συναλλαγματικές ισοτιμίες μεταξύ Dot Money και κάθε επιμέρους νομίσματος,που ουσιαστικά θα υποστηρίζεται από τις δραστηριότητες της ειδικής διαπραγμάτευσης του GCR, χρησιμοποιώντας το εργαλείο του Dot Money. Τα

GCR χρησιμοποιούν το Dot Money ως την πρωτεύουσα συναλλαγματική καταγραφή,της οποία η αξία είναι συνεχής και προστατευμένη με το GCR εντός ειδικών συναλλαγματικών ισοτιμιών.

Οι στόχοι του GCR και τη χρήση του Dot Money είναι ευεργετική και συμβάλλει στη δημιουργία μιας παγκόσμιας οικονομικής και νομισματικής σταθερότητας για όλες τις χώρες του κόσμου.αγοράζοντας και πουλόντας σε Dot Money και η δημιουργία μια αγοράς με την χρήση Dot Money σε σταθερές συναλλαγματικές ισοτιμίες με άλλα GCR νομίσματα,θα συμβάλουν έμμεσα να διατηρηθεί η σταθερότητα σε οποιαδήποτε εγχώρια αγορά που επιτρέπει το Dot Money για να διακινούν ή χρησιμοποιούν από τους πολίτες των χωρών τους. Αυτά τα προκαθορισμένα εύρη τιμών συναλλάγματος μεταξύ Dot Money και GCR θα παραμείνουν σταθερά και μπορούν να ρυθμιστούν μόνο με το GCR και κατά περίπτωση μόνο εάν εντελώς απαραίτητο,ή μόνο αν κάποια έκτακτη ανάγκη προκύψει.

Ως ένα παράδειγμα είναι η πρόθεση του GCR να καθορίζει και να κλειδώσει το ποσοστό του ενός Dot στο εύρος του συν ή μείον 2 τοις εκατό ως προς το αμερικανικό δολάριο όπως αποτιμάται με βάση την αγοραστική δύναμη των Η.Π.Α.από την 1 Δεκεμβρίου 2014.Οι συναλλαγματικές ισοτιμίες των άλλων GCR νομισμάτων είτε θα πρέπει να βασίζονται στις ισχύουσες ισοτιμίες όπως προέκυψαν την 1 Δεκεμβρίου 2014, ή θα πρέπει να προσαρμοστούν μετά από έρευνα και διαπραγμάτευση μεταξύ του GCR και κάθε χώρας ξεχωριστά που επιτρέπει τη χρήση του Dot Money.Η ακριβής αναλογία των συναλλαγματικών ισοτιμιών (και τα άνω και κάτω όρια) μεταξύ του Dot Money και GCR θα ανακοινωθούν και θα ενημερώνονται όπως απαιτείται από την επίσημη έναρξη του Dot Money.

Ποια είναι η λίστα των GCR-χωρών που υποστηρίζονται από το Dot.Money;

Το Dot Money και το Παγκόσμιο νομισματικό αποθεματικό (GCR) δεσμεύεται να εργαστεί και να συνδράμει με κυβερνήσεις, επιχειρήσεις και ιδιώτες σε όλο τον κόσμο προς όφελος της ανθρωπότητας.Ωστόσο,το Dot Money και το Παγκόσμιο αποθεματικό νόμισμα δεν θα λειτουργεί σε οποιαδήποτε χώρα όπου η τοπική νομοθεσία απαγορεύουν την δραστηριότητα του Dot Money ή επιτρέπουν την χρήση του με επαχθείς όρους.

Οι χώρες των οποίων το νόμισμα υπάγετε στο GCR και που μπορούν να αγοράσουν, να χρησιμοποιούν και να μετατρέπουν το τοπικό τους νόμισμα σε Dot Money είναι οι χώρες που συνεργάζονται και υποστηρίζουν το GCR και το πρόγραμμα του Dot Money,χωρίς να αντιτίθονται σε αυτό δημιουργώντας τυχόν ρυθμιστικές υποδομές που κάνει τη λειτουργία του Dot εντός των χωρών αυτών ασύμφορη.

Ορισμένες από τις χώρες των οποίων το νόμισμα αναμένεται να είναι επιλέξιμες για την ανταλλαγή με Dot Money είναι οι Η.Π.Α,ο Καναδά,το Μεξικό,χώρες μέλη της ΕΕ, τη Νότια Αφρική, το Χονγκ Κονγκ και την Κίνα. Τα GCR είναι επίσης στις προκαταρκτικές διαπραγματεύσεις με άλλες χώρες, όπως η Ρωσία, για να προσδιορίσει τη βιωσιμότητα συμμετοχής τους ως GCR-επιλέξιμες που θα υποστηρίζεται από την αγορά δραστηριοτήτων του GCR.

ΜΙΑ πλήρη λίστα χωρών των οποίων το νόμισμα είναι επί του παρόντος υπό εξέταση για GCR και εν δυνάμει ανταλλάξιμο με.Dot Money μπορείτε να βρείτε στην ιστοσελίδα:www.GlobalCurrencyReserve.com.

Πού μπορώ να δαπανήσω Dot Money;

Τα Dot Money χρήματα μπορούν να δαπανηθούν όπου τα άτομα και οι επιχειρήσεις δέχονται Dot Money.Το BitCoin είναι ένα καλό παράδειγμα προς μίμηση γιατί είναι πλέον αποδεκτό από ολοένα και περισσότερους μεγάλους προμηθευτές, ετοιμάζοντας το δρόμο για το Dot Money για να γίνει επίσης αποδεκτό από

τους ίδιους προμηθευτές.
Το Dot Money επίσης προσφέρει έναν μοναδικό τρόπο διεξαγωγής καθημερινών συναλλαγών σε καταστήματα χωρίς την ανάγκη ύπαρξης κανονικών χαρτονομισμάτων πιστωτικών καρτών Οι χρήστες απλά θα μπορούν να παρέχουν συγκεκριμένους αριθμούς στο ταμεία του καταστήματος και η συναλλαγή θα ολοκληρώνετε κατά αυτό τον τρόπο,μειώνοντας έτσι την πιθανότητα απάτησα οικονομικού εγκλήματος κάνοντας έτσι ασφαλέστερες τις συναλλαγές από οποιονδήποτε άλλο τρόπο.

Ως κίνητρο για τους προμηθευτές να χρησιμοποιούν Dot Money,διασφαλίζουμε ότι εν γένει οι διαχειριστές του Dot Money θα επωμίζονται το βάρος της καταβολής Φ.Π.Α. του φόρου συναλλαγών καθώς και οποιοιδήποτε φόρου προκύπτει από συναλλαγή με Dot.Money.

Από τα πρώτα κιόλας στάδια το (GCR) επιτρέπει στους συναλλασσομένους προμηθευτές να γνωρίζουν για οποιοδήποτε ή όλα τα τμήματα των πληρωμών που πραγματοποιήθηκαν με Dot Money είναι άμεσα μετατρέψιμα στα νομίσματα των χωρών τους προκειμένου να ολοκληρωθεί η συναλλαγη.Με τον τρόπο αυτό οι πωλητές μπορεί να δεχθουν το Dot Money γνωρίζοντας ότι δεν διατρέχουν κανένα κίνδυνο.με τις συναλλαγές τους
Ο στόχος είναι το Dot Money τελικά να γίνει αποδεκτό ως μέσο για να αγοράσετε οτιδήποτε από οποιονδήποτε και με την εγγύηση της πύλης πληρωμών του GCR.που προβλέπει στιγμιαίες πληρωμές σε προμηθευτές στο κατά τόπους εγχώριο νόμισμα παρέχοντας έτσι την δυνατότητα σε κάθε εταιρεία να ξεκινήσει τη είσπραξη πληρωμών με Dot Money μόλις κυκλοφορήσει. Όταν το Dot Money.θα είναι ελεύθερο και διαθέσιμο για χρήση.θα είναι μετατρέψιμο ανα πάσα στιγμή σε οποιοδήποτε άλλο νόμισμα από τους κατόχους του σε σταθερές τιμές.Έτσι με αυτόν τον τρόπο θα είναι τεχνικώς εφικτό να χρησιμοποιηθούν από οποιονδήποτε να αγοράσει οτιδήποτε, ακόμη και στα αρχικά στάδια, από τη μετατροπή του σε άλλα νομίσματα. Ωστόσο,πρέπει να σημειωθεί ότι οι υποστηρικτές της έννοιας του Dot Money

θα πρέπει να προσπαθήσουν να χρησιμοποιήσουν Dot Money στις συναλλαγές τους και να ζητήσουν από τους πωλητές που δεν δέχονται ήδη Dot Money ως πληρωμή να αρχίσουν να το αποδέχονται προκειμένου να συμβάλουν στην εξασφάλιση της επιτυχίας των στόχων και τη χρήση Dot Money.

Γιατί είναι χρήσιμο το Dot Money ως νόμισμα;

Έχουμε έρθει σε ένα σημείο στην ανθρώπινη ιστορία όπου η εμπειρία μας δείχνει ότι δεν είναι ούτε ο χρυσός ή το ασήμι ή οποιαδήποτε άλλο πολύτιμο μέταλλο ή αγαθό, εκτός από την ανθρώπινη θέληση, εκείνο που καθορίζει την αξία του κάθε νομίσματος.**Χωρίς ανθρώπους συμφωνώντας με την αξία του χρήματος, τα ίδια ταχρήματα δεν θα είχαν καμία αξία ή χρήση.Τα ανθρώπινα όντα είναι η μόνη αληθινή προέλευση της έννοιας της αξίας στον κόσμο και τώρα είναι δυνατόν να δημιουργήσουμε ένα παγκόσμιο μέσο ανταλλαγής που αξιοποιεί αυτό το προφανές γεγονός.**Αν κάποιος είναι εργαζόμενος ή για οποιοδήποτε ατυχή λόγο άνεργος και σε οικονομική δυσχέρεια, κάθε άτομο στον κόσμο το οποίο ξοδεύει χρήματα είναι ένας κρίσιμος παράγοντας για την οικονομία.Κρίσιμα συνεισφέροντες στην οικονομία είναι ακόμα και οι άνθρωποι που δεν εργάζονται καθόλου αλλά αγοράζουν τρόφιμα, ρουχισμό και άλλα προϊόντα που χρειάζονται για την διαβίωση τους.

Οι ιδιοκτήτες επιχειρήσεων χρειάζονται τους πελάτες τους ασχέτως αν αυτοί οι πελάτες είναι πλούσιοι ή φτωχοί.Οσο λιγότερα χρήματα είναι διαθέσιμα για τους ανθρώπους προς κατανάλωση τόσο λιγότερο υγιή και σταθερή είναι μια οικονομία. Τρέχουσες υλοποιήσεις των χρεών με βάση τα παγκόσμια χρηματοπιστωτικά συστήματα είναι περιορισμένες,άδικες και ατελής, δεδομένου ότι τα προβλήματα της επέκτασης του παγκόσμιου πληθυσμού δεν είχαν επαρκώς εξετασθεί κατά την υλοποίησή τους.

Ως αποτέλεσμα του αρχικού σχεδιασμού των σύγχρονων χρηματοπιστωτικών συστημάτων που στηρίζονται σε χρέη

9

και που εξακολουθούν χρησιμοποιούνται ακόμα και σήμερα,τα περισσότερα ισχυρά νομίσματα αντιμετωπίζονται σήμερα με τον ίδιο τρόπο όπως οποιοδήποτε άλλο σπάνιο αγαθό, η παροχή των οποίων είναι απλώς ανεπαρκής για να καλύψει τις ανάγκες των κατόχων του χρήματος.Έτσι, ολόκληρη η παγκόσμια οικονομία βιώνει ακούσια και επιζήμια κύματα οικονομικής αστάθειας.Η μόνη θεραπεία για την αντιμετώπιση των προβλημάτων με την τρέχουσα παγκόσμια νομισματική προσφορά είναι μέσω της δημιουργίας πρόσθετης ρευστότητας εξάρτημα για το παγκόσμιο νομισματικό σύστημα που επιτρέπει τη δημιουργία των χρημάτων που δεν χρειάζεται να επιστραφεί.Η νομισματική προσφορά πρέπει να έχει τη δυνατότητα να επεκτείνετε και να δημιουργείτε βάσει του αριθμού των κατόχων των εκάστοτε τραπεζογραμματίων (και όχι από τη σκοπιά της ζήτησης που υπολογίζεται από τα δεδομένα των δαπανών) και η αξία του χρήματος πρέπει να βασίζεται κυρίως σε συμφωνία μεταξύ των κατόχων, προκειμένου να διατηρήται η αξία και η χρησιμότητα.του.

Αυτό το μοντέλο της ρευστότητας και της αξίας βασίζεται στις παγκόσμιες χρηματιστηριακές αγορές που ήδη δημιουργεί και συντηρεί την αξία των σχετικων επιχειρήσεων των οποίων οι μετοχές που έχουν εκδοθεί αποτελούν αντικείμενο συναλλαγών στις χρηματοπιστωτικές αγορές.

Που είναι το λάθος αναφορικά με την παγκόσμια οικονομία και το χρηματοπιστωτικό συστημα;

Καθώς ο πληθυσμός του κόσμου διαστέλλεται και συστέλλεται, έτσι θα πρέπει γίνεται και με την προσφορά του χρήματος.Το τρέχων χρηματοπιστωτικό σύστημα που βασίζεται στο χρέος απλά δημιουργεί ένα αγαθό που όλο.και ποιο σπάνιο γίνεται και η ανεπάρκεια του αυξάνεται καθώς αυξάνεται και ο παγκόσμιος πληθυσμός Δημιουργώντας προσωρινά νέο χρήμα που πρέπει να επιστραφεί αφού εχει την μορφή δανεισμού δεν είναι αρκετό για την επίλυση των κρίσιμων προβλημάτων της έλλειψης χρημάτων στη σημερινή παγκόσμια οικονομία.

Για να καταδείξω το πρόβλημα θεωρούμε ότι, εάν κάθε άτομο στον κόσμο ήταν επαρκώς χρηματοδοτούμενο από την εργασία του σε επίπεδο διαβίωσης κατώτατου μισθού, ακόμη και αν είχατε πρόσβαση σε όλα τα υφιστάμενα νόμισμα σε κυκλοφορία από όλα τα έθνη του κόσμου,μαθηματικά δεν θα υπήρχε και πάλι αρκετο συνάλλαγμα στον κόσμο σήμερα να καταβάλει σε κάθε πρόσωπο και να τους επιτρέψει να αποταμιέυσουν όπως απαιτείται για να επιβιώσει κανείς για τη συνταξιοδότησή του.

Ως αποτέλεσμα αυτής της έλλειψης προσφοράς των χρημάτων,που δεν θα χρειάζονταν να επιστραφούν όλος ο κόσμος βιώνει τις αμφίδρομες διακυμάνσεις που συνδέονται με τα εκάστοτε ποσά που συγκεντρώνουν οι πλούσιοι πολίτες,επιχειρήσεις και κράτη μέχρι την επόμενη χρηματοπιστωτική φούσκα.Λόγω της έλλειψης τροφοδοσίας του χρήματος η όλη πρακτική επενδύσεων μέσω των παγκόσμιων χρηματοπιστωτικών αγορών έχει αρχίσει νvα θυμίζει λίγο από πρακτικές εταιριών πυραμίδας.Σε ένα σύστημα πυραμίδας,ακριβώς όπως και στις χρηματοπιστοτικές αγορές σήμερα, ο πρώτος επενδυτής που θα αποχωρήσει από μία επένδυση-φούσκα είναι και αυτός που θα επωφεληθεί τα μέγιστα διασφαλίζοντας μεγάλα κεφάλαια για τον εαυτό του αφήνοντας όλους τους άλλους με ελάχιστα ή καθόλου κέρδη και με μετοχές που δεν έχουν καμία απολύτως αξία

Οι περισσότεροι άνθρωποι πιστεύουν ότι πάρα πολλά χρήματα στην κυκλοφορια δημιουργούν πληθωρισμό.Ωστόσο, το συγκεκριμένο είδος του πληθωρισμού που βιώνει σήμερα η παγκόσμια οικονομία προκαλείται από την ανεπάρκεια των διαθέσιμων χρημάτων για την αγορά αγαθών και υπηρεσιών.Όταν λιγότερα προιόντα αγοράζονται και πωλούνται,οι προμηθευτές αυτών των αγαθών και υπηρεσιών θα αναγκαστούν εν γένει να ανεβάσουν τις τιμές τους ώστε να διατηρήσουν τα κέρδη τους σταθερά σε μια αγορά με λιγότερες πωλήσεις.Όταν η οικονομία ανακάμπτει οι περισσότερες επιχειρήσεις δεν μειώνουν τις τιμές τους και ενώ βιώνουν αυξήσεις στις πωλήσεις τους.ως αποτέλεσμα της έλλειψης προσφοράς του ίδιου του χρήματος ολόκληρου του κόσμου βιώνουμε την χρεοκοπία των κυβερνήσεων, τραπεζών, επιχειρήσεων και ιδιωτών.Σαν αποτέλεσμα οι άνθρωποι δεν έχουν αρκετά χρήματα για να ξεπληρώσουν δάνεια,τράπεζες και χρηματοπιστωτικά ιδρύματα καταρρέουν, δημιουργώντας μεγαλύτερη αβεβαιότητα και λιγότερη οικονομική ασφάλεια και σταθερότητα.ως αποτέλεσμα της έλλειψης προσφοράς του χρήματος και του σχετικού πληθωρισμού δεν υπάρχει τίποτα που να μπορεί να αγοραστεί με νόμισμα που θα διατηρήσει την αξία του χωρίς επενδυτικούς κινδύνους κερδοσκοπίας.Η ερώτηση που πολλοί άνθρωποι θέτουν είναι τι μπορεί να γίνει για να προστατευτεί η αξία των χρημάτων τους στην σημερινή απρόβλεπτη παγκόσμια οικονομία; Επενδύοντας και ποντάροντας σε άλλα αγαθά δεν παρέχετε καμία βεβαιότητα.

Γιατί είναι αδύνατο για τις κυβερνήσεις να λύσουν το πρόβλημα μόνες τους;

Υπάρχουν τρόποι οπου οι μεγάλες κυβερνήσεις του κόσμου μπορούν να διορθωθοσουν αυτά τα προβλήματα τους όπως περιγράφεται στην ιστοσελίδα www.DotMoneyBook.com.Ωστόσο, το όλο σύστημα για την αντιμετώπιση της παγκόσμιας οικονομικής αστάθειας μπορεί να εφαρμοστεί πολύ πιο γρήγορα και αποτελεσματικά ως επιχείρηση που δεν ελέγχεται από τα πολιτικά συμφέροντα της κάθε μίας χώρας ή δεν επιβραδύνεται από τη γραφειοκρατία. Η επιχειρηση αυτή ονομάζεται το Παγκόσμιο αποθεματικό νόμισμα (GCR) και για τη δημιουργία και χρησιμοποίηση του Dot Money δεν απαιτείτε καμία κυβέρνηση να αναλάβει οποιαδήποτε δράση ούτε να αναληφθεί οποιασδήποτε δράση εκτός από το να επιτρέψει στο Dot Money και τις δραστηριότητές του να διενεργούνται χωρίς επαχθείς περιορισμούς. Ενας διεθνής οργανισμός ιδιωτικών συμφερόντων που λειτουργεί με ανθρώπους σε όλο τον κόσμο έχει περισσότερη ελευθερία για να αναλάβει δράση η οποία είναι ευεργετική για όλους τους λαούς του κόσμου, όχι μόνο για κάποιος ανθρώπους σε ορισμένες χώρες. Ενας διεθνής οργανισμός ιδιωτικών συμφερόντων,που δημιουργήθηκε από απλούς ανθρώπους, όπως το Dot Money που σέβεται το πλαίσιο των νόμων και συνεργάζεται με τις κυβερνήσεις, αλλά που δεν είναι υπό τον άμεσο έλεγχο οποιαδήποτε από τις κυβερνήσεις ή άλλους φορείς που μας έχουν φέρει στο χείλος της σημερινής μας παγκόσμια οικονομική αστάθεια,θα μπορέσει να κερδίσει την υποστήριξη των ατόμων που εξυπηρετεί (οι πελάτες, και οι χρήστες του Dot Money).

Το Dot Money και οι λύσεις που προσφέρει για κυβερνήσεις, επιχειρήσεις και άτομα δεν θα είναι διαθέσιμη σε χώρες όπου η χρήση τουDot Money δεν είναι νόμιμη ή είναι υπερβολικά επαχθείς από τοπικούς κανόνες και κανονισμούς.Για όσο διάστημα η πλειοψηφία του λαού, ο κόσμος είναι ευχαριστημένος με τις αποδόσεις του Dot Money, και της διοίκησης από το Παγκόσμιο αποθεματικό νόμισμα (GCR),το Dot Money θα συνεχιστεί, αλλά εάν η διαχείριση της Dot Money για κάποιο λόγο δυσαρεστήσει τους κατόχους και χρήστες, τότε το σύστημα θα παύσει να υπάρχει σαν αποτέλεσμα της απόρριψής του από τους χρήστες.

Είναι το Dot Money ένα υποκατάστατο άλλων ήδη υπάρχοντων νομισμάτων;

Όπως και σε πολλές περιπτώσεις στην ιστορία,ένας συνδιασμός λύσεωναπό τον ιδιωτικό τομέα εργασίας με κυβερνήσεις είναι η καλύτερη θεραπεία για τα προβλήματα.Το Dot Money,εκπροσωπεί ακριβώς αυτή την ιδανική συνεργασία του ιδιωτικού με τον δημόσιο τομέα και είναι αυτή η συνεργασία που μπορεί να προσφέρει αξία σε όλα τα διεθνή νομίσματα και ρευστότητα για τις κυβερνήσεις και τους πολίτες που εργάζονται με Dot Money.Το Dot Money έχει παρόμοια χαρακτηριστικά με τα συνηθισμένα χρήματα και μπορούν να αποκτηθούν και να δαπανηθούν ακριβώς όπως και τα χρήματα,αλλά το **Dot Money έχει πολλές περισσότερες δυνατότητες** από τα απλά χρήματα.Το Dot Money δεν είναι η αντικατάσταση των νομισμάτων του κόσμου, αλλά μπορεί να χρησιμοποιηθεί για να υποστηρίξει την αξία όλων των νομισμάτων του κόσμου.Το Dot Money δεν στυρίζεται στο υπάρχων παγκόσμιο χρηματοπιστωτικό μοντέλο που παράγει χρέος Ούτε βασίζεται στο μοντέλο δημιουργίας χρήματος που είναι αναγκαίο και που παρέχεται από τις τοπικές κυβερνήσεις και τις αντίστοιχες τράπεζες, στα δικά τους νομίσματα, για δανεισμό και προσωρινή επέκταση της παγκόσμιας προσφοράς χρήματος.Το Dot Money παρέχει ένα κρίσιμο εργαλείο για την δημιουργία του χρήματος με τρόπο που θα είναι απαραίτητες για τις κυβερνήσεις του κόσμου ώστε να επιλύσουν τα προβλήματα που αντιμετωπίζουν. Είτε τους αρέσει είτε όχι το θεμελιώδες αξίωμα που ασπάστηκε το Dot Money θα πρέπει να απασχολεί με τον ένα ή τον άλλο τρόπο, κυβερνήσεις ή τον ιδιωτικό τομέα. Ως σήμερα το Dot Moneyπροετήμασε το έδαφος και τις απαραίτητες παγκόσμιες σχέσεις και συνεργασίες με τις επιχειρήσεις και τις κηβερνήσεις ώστε να εξασφαλίσει ότι το Dot Money είναι στην καλύτερη θέση για να αποτελέσει την κύρια δημόσια, ιδιωτική και εμπορική λύση συνεργασίας σε όλο τον κόσμο.

Το Dot Money και το Παγκόσμιο αποθεματικό νόμισμα (GCR) συνεργάζεται με κυβερνήσεις και τις αντίστοιχες τράπεζες για να σας βοηθήσει να διασφαλίσετε ότι όλα τα δάνεια που λαμβάνονται από τους απλούς ανθρώπους και επιχειρήσεις μπορούν να επιστραφούν.Το Dot Money συνεργάζεται με κυβερνήσεις και οι αντίστοιχες τράπεζες για να σας βοηθήσει να διασφαλίσετε ότι έχουν επαρκή κεφαλαιοποίηση ώστε να διατηρήσουν τις λειτουργίες τους και να μειώσουν ή και να εξαλείψουν πλήρως τα εθνικά τους χρέη.**Το Dot Money λειτουργεί για να ενισχύσει τα νομίσματα του κόσμου, διαμορφώνοντας μια παγκόσμια χρηματοπιστωτική αγορά για όλα τα νομίσματα μέσα από μια αυστηρά σταθερα και προκαθορισμένα εύρη τιμών συναλλάγματος. Το Dot Money δεν επηρεάζεται τα υπάρχοντα συστήματα της παγκόσμιας ανταλλαγής**

νομισμάτων, αλλά προσθέτει στον κόσμο ένα πολύτιμο και αναγκαίο εργαλείο που παρέχει σταθερότητα, για όλα τα νομίσματα του κόσμου τα οποία είναι συναλλαγματικά ανταλλάξιμα με Dot Money. Σήμερα ο κατάλογος των επιλέξιμων GCR νομίσματων που μπορούν να μετατραπούν σε και από Dot Money περιλαμβάνει τα περισσότερα από τα σημαντικότερα νομίσματα του κόσμου.Την πιο τρέχουσα λίστα GCR επιλέξιμων νομισμάτων μπορείτε να την βρείτε στην ιστοσελίδα www.GlobalCurrencyReserve.com.

Ποιοι είναι οι νόμοι,κανόνες και κανονισμοί που εφαρμόζονται στο Dot Money;

Τα Dots του Dot Money υπάρχουν ακριβώς όπως οποιοδήποτε άλλο αντικείμενο μετά δημιουργία τους από το Παγκόσμιο αποθεματικό νόμισμα (GCR).Εξαιτίας του παγκόσμιου δικτύου κατανομής πληροφοριών (την δημιουργία αντιγράφων ασφαλείας και του ανθρωποκεντρικού δικτύου των Dot Masters) που υποστηρίζουν το Dot Money,**απαξ και το Dot Money δημιουργηθεί δεν μπορεί να καταστραφεί ή να ελέγχεται από τρίτους (συμπεριλαμβανομένων κυβερνήσεων) εκτός από τις αρχικές λειτουργίες για τις οποίες σχεδιάστηκε.**Το Dot Money είναι ένα εικονικό αρχείο-καταγραφή και δεν υπάρχει τίποτα που να πρέπει να ρυθμιστεί ή να ελέγχθεί σε ένα εικονικό αρχείο. Με άλλα λόγια, οι λειτουργίες και η χρησιμότητα των μονάδων του Dot Money δεν υπόκειται σε κανονισμούς ή νόμους απλά υφίσταται ως ένα ολοκληρωμένο σύνολο κανόνων και καταγραφών.

Δεν θέλω να πω με αυτό ότι το παγκόσμιο αποθεματικό νόμισμα (GCR) δεν υπόκεινται στις νομοθετικές και κανονιστικές διατάξεις των χωρών στις οποίες δραστηριοποιείται. Ακριβώς όπως οποιαδήποτε άλλη διαδικασία, το η χρήση του **Dot Money υπόκειται στους κανόνες, κανονισμούς και νομοθεσίες των διαφόρων δικαιοδοσιών όπου η χρήση του Dot Money είναι επιτρεπτή.**Οι περισσότεροι νόμοι και

15

κανονισμοί σχετικά με το Dot Money και άλλα εικονικά νομίσματα έχουν να κάνουν με τις συναφείς επιχειρήσεις και τις πράξεις τις οποίες διευκολύνει το Dot Money,όπως η ρύθμιση των συναλλαγών μεταξύ ανταλλαγών νομισμάτων συμπεριλαμβανομένων και του Dot Money.Άλλες επιχειρήσεις που χρησιμοποιούν Dot Moneyκαι οι οποίες συνήθως υπόκεινται σε νόμους,κανονισμούς και τις διατάξεις των τοπικών κυβερνήσεων περιλαμβάνουν και τις επιχειρήσεις που επιχειρούν να αποταμιέυουν η διατηρούν λογαριασμούς σε Dot Money για λογαριασμό τρίτων ή για τη διευκόλυνση αγοράς και πώλησης με Dot Money.

Στις περισσότερες περιπτώσεις, το Παγκόσμιο αποθεματικό νόμισμα (GCR) δεν διενεργεί οργανωμένες συναλλαγές μεταξύ των χωρών και του GCR εκτός της αγοράς και της πώλησης των Dot Money για δικό της λογαριασμό.Κατα αυτόν τον τρόπο το Παγκόσμιο αποθεματικό νόμισμα (GCR) και το Dot Money δεν εμπλέκονται άμεσα με τις συναλλασόμενες επιχειρήσεις.Το Παγκόσμιο αποθεματικό νόμισμα (GCR) και το Dot Money συνεργάζεται με κυβερνήσεις και τα αρμόδια όργανα επιβολής του νόμου για να βοηθήσει στην πρόληψη τυχών οικονομικών εγκλημάτων και την κατάχρηση των Dot Money που μπορεί να έχει ως αποτέλεσμα την παραβίαση των νόμων σε κάθε χώρα. Κάθε νόμισμα στον κόσμο, συμπεριλαμβανομένων των υφισταμένων χάρτινων και μεταλικών , μπορούν να χρησιμοποιηθούν από εγκληματίες για παράνομους σκοπούς, ωστόσο, τα GCR και το Dot Money κάνουν ό,τι καλύτερο μπορούν για να βοηθήσουν στην επιβολή του νόμου παρέχοντας εκτεταμένες διευκολύνσεις για την ανίχνευση εγκληματικών ενεργείων, πρόληψης και αποκατάστασης.των νόμων.

Τα GCR λαμβάνει κάθε δυνατή προφύλαξη για να διασφαλίσει ότι οι επιχειρήσεις που συνεργάζονται άμεσα με το GCR,όπως ανταλλακτήρια συναλλάγματος οι τράπεζες και τα λοιπά χρηματοπιστωτικά ιδρύματα ή χρηματιστές ,μπορούν να λειτουργούν εύρηθμα και όπως απαιτείται από τους κανόνες και τους νόμους των αντίστοιχων χωρών.

Με ποιους τρόπους μπορεί το Dot Money να βοηθήσει στην σταθεροποίηση της παγκόσμιας οικονομίας;

Το Dot Money παρέχει σε κυβερνήσεις, επιχειρήσεις και απλούς ανθρώπους τον τρόπο να αποδεσμευτούν από την παγκόσμια οικονομική αστάθεια και να υπάρχουν εντός ενός πλαισίου οικονομικής ευημερίας για το καλό όλων.

Από τεχνικής άποψη το **Dot Money είναι ένα εργαλείο,το οποίο επιδιώκει να δημιουργήσει και να διατηρεί την αξία του μέσω ενός συνδυασμού χρηματοπιστωτικών αγορών και συνεργαζόμενων χρηστών σε ολόκληρο τον κόσμο, οι οποίοι πρόθυμα επιλέγουν να χρησιμοποιούν και να προωθούν τη χρήση των Dot** ώστε το σύστημα Dot Money να μπορέσει να επιτύχει τους ανθρωπιστικούς στόχους, που είναι επωφελείς για τις κυβερνήσεις, τις επιχειρήσεις και όλους τους ανθρώπους στον κόσμο. Ότανto Dot Money είναι ισχυρό τότε θα είναι και όλα τα άλλα νομίσματα του κόσμου που είναι εναλλάξιμα με Dot Money μέσα σε συγκεκριμένες περιοχές τιμών,ισχυρά.

Ποια είναι η διαφορά μεταξύ του Dot Money και άλλων νομισματικών μονάδων;

Το Dot Money είναι το επόμενο εξελικτικά λογικό βήμα στην ιστορία της παγκόσμιας οικονομίας.**Το Dot Money έχει πολλές περισσότερες δυνατότητες από τα απλά νομίσματα και τα βασικά χρηματιστηριακά αγαθά.** Το Dot Money δανείζεται την επιτυχημένη τεχνολογία και τα διδάγματα που αποκομήσαμε από τους πρώτους καταγεγραμμένους ιστορικά τραπεζίτες και τα μεταφέρουμε σε σύγχρονες κυβερνήσεις, τις κρατικές,ιδιωτικές ή επενδυτικές τράπεζες και στην σύγχρονη εικονική –νομισματική κοινότητα. Περισσότερες πληροφορίες σχετικά με την ιστορία του χρήματος και Dot Money μπορείτε να βρείτε στο βιβλίο "Dot Money" στην ιστοσελίδα www.DotMoneyBook.Com.

Τεχνικά μιλώντας το Dot Money μόνο χρήματα δεν είναι παρόλο που έχει πολλές από τις ίδιες λειτουργίες και χρήσεις των χρήματων και των εικονικών νομισμάτων.Στον πυρήνα του **Dot Money είναι μια προηγμένη καταγραφή της αξίας των συναλλαγών που μπορούν να προκήψουν σε όλο τον κόσμο.**Η αξία του Dot Money προέκυψε μεσα από συμφωνία **των χρηστών του (συνδρομητών)** και ως τέτοια η αξία του Dot Money δεν υπόκεινται στους ίδιους κινδύνους της υποτίμησης όπως τα υπόλειπα από τα παγκόσμια νομίσματα. Ως εκ τούτου το **Dot Money διατηρεί την αξία για εκείνους που το χρησιμοποιούν, ανεξάρτητα από τις οικονομικές συνθήκες σε όλο τον κόσμο, σε αντίθεση με** όλα τα άλλα υπάρχοντα νομίσματα, οι χρήστες **του Dot Money συμφωνούν να ανταλλάξουν το Dot Money μόνο σε συγκεκριμένες περιοχές τιμών σε σχέση με άλλα διεθνή νομίσματα.** Επιπλέον, σε αντίθεση με υφιστάμενα δημοφιλή εικονικό νομίσματα όπως το BitCoin,το **Dot Money έχει ένα διοικητικό κορμό που όχι μόνο βοηθά στη διατήρηση της αξίας του Dot, αλλά μπορεί επίσης να μειώσει την εγκληματικότητα και απάτη που συνδέεται με τη χρήση των Dot Money.**

Επιπλέον,το **Dot Money θα εφαρμόσει ένα ανθρώποκεντρικο δίκτυο αντιγράφων ασφαλείας που θα απαρτήζεται από απλούς ανθρώπους , που θα ονομάζονται Dot Masters,** που θα προσληφθούν και θα πληρώνονται από το GCR **ώστε να καταφέρουν να κάνουν το Dot Money να χρησιμοποιητε ακόμα και στις πιο απομακρυσμένες περιοχές, με ή χωρίς τους υπολογιστές ή οποιαδήποτε άλλη σύγχρονη τεχνολογία ή ηλεκτρική ενέργεια . Έτσι αν οι σύγχρονες υποδομές internet, ηλεκτρικού ή συστήματα λογισμικού καταρρεύσουν το Dot Money να συνεχίσει να υφίσταται** διατηρώντας τη χρησιμότητά του,την αξία και την ακεραιότητας του .Βραχυπρόθεσμα το **Dot Money παρέχει ένα τόπο** όπου οι άνθρωποι πραγματικά να καταγράφουν, να αποθηκεύουν και να διατηρούν την αξία των χρημάτων τους με τον καιρό αντίθετα με όλες τις άλλες υπάρχουσες μεθόδους της διατήρησης μετοχικού κεφαλαίου που σήμερα προωθούνται.

Είναι το Dot Money ένα επενδυτικό προϊόν;

Το Dot Money δεν είναι ένα επενδυτικό προϊόν,ούτε αποτελέι ασφάλιστρο οποιουδήποτε είδους, αλλά είναι ένα νέο εργαλείο που μπορεί να χρησιμοποιηθεί για να διατηρήσει την αξία του για ένα χρονικό διάστημα. Η αξία του Dot Money δεν υποστηρίζεται από οτιδήποτε άλλο εκτός από τη βούληση των ατόμων που χρησιμοποιούν και επωφελούνται από το σύστημα. Αγοράζοντας, **χρησιμοποιώντας και πουλώντας Dot Money είναι το ίδιο πράγμα όπως η αγορά και η πώληση οποιουδήποτε άλλου αντικειμένου που δεν εγγυάται για οτιδήποτε άλλο εκτός από ιδιοκτησία του.** Το Παγκόσμιο αποθεματικό νόμισμα (GCR) είναι μια ιδιωτική οργάνωση που διατείνεται ότι είναι ειδικός διαπραγματευτής στο Dot Money καθώς και ο διαχειριστής του Dot Money, αλλά η αγορά των Dot Money δεν εγγυάται στον αγοραστή οτιδήποτε άλλο εκτός από ιδιοκτησία του Dot Money. **Η επιτυχία του Dot Money εξαρτάται από την επιθυμία και τη βούληση των χρηστών της,την υποστήριξη των κυβερνήσεων, και των δευτερογενή αγορών στη χρήση του Dot Money.**

Συγκεκριμένα το Dot Money είναι μια καταγραφή όπου οι άνθρωποι μπορούν να αγοράζουν, να πωλούν και να συναλλάσονται. Δεν υπάρχει καμία ανάγκη για το Dot Money να αποταμιεύεται σε οποιαδήποτε τράπεζα ή χρηματοπιστωτικό ίδρυμα και, ως εκ τούτου, **οι χρήστες του Dot Money δεν διατρέχουν κίνδυνο να χάσουν τις αποταμιέυσεις τους ως το αποτέλεσμα της αποτυχίας των κυβερνήσεων, των τραπεζών, των επιχειρήσεων ή ιδρυμάτων.**Ακόμη και αν το Dot Money δεν συγκρατείται σε μια **τράπεζα,το Dot Money δεν είναι σχεδιασμένο ή**

ικανό να αντικαταστήσει τα υφιστάμενα παγκόσμια νομίσματα. Τα Dot Money χρησιμοποιούνται σε συνεργασία με τράπεζες και δημιουργούν εξαιρετικά κερδοφόρες ευκαιρίες για τις τράπεζες που χρησιμοποιούν τα δικά τους εγχώρια νομίσματα και διεξάγουν τις επιχειρηματικές τους δραστηριότητες. Κατ' αυτόν τον τρόπο, το Dot Money δεν είναι μια απειλή για τα χρηματοπιστωτικά ιδρύματα και τις επενδυτικές επιχειρήσεις, αλλά βοηθά ώστε να δημιουργήθει σταθερότητα και ρευστότητα για τις επιχειρήσεις και τους πελάτες τους.

Όλες οι άλλες μορφές της διατήρησης μετοχικού κεφαλαίου που προωθούνται ουσιαστικά είναι μόνο μορφές της κερδοσκοπίας σε ακίνητα, εμπορεύματα ή επενδυτικά προϊόντα. Το Dot Money δεν είναι ένα επενδυτικό προϊόν, αλλά μια ομάδα συναλλασόμενων που βασίζεται σε μια συμφωνία όσον αφορά την διατήρηση της χρηματοπιστωτικής αξίας του Dot Money.
Έτσι, το Dot Money παρέχει ένα μοναδικό εργαλείο για την διατήρηση της αξίας που είναι σε αντίθεση με οτιδήποτε υπάρχει σήμερα στη χρηματοπιστωτική αγορά.

Το Dot Money είναι μια συμφωνία μεταξύ των κατόχων που λέει ότι, ανεξάρτητα από το πόσο απρόβλεπτα η παγκόσμια οικονομία συμπεριφέρεται, και ανεξάρτητα από ανθρωπογενείς ή φυσικές καταστροφές που μπορεί να συμβούν, το Dot Money θα εξακολουθεί να διατηρεί την αξία του. Το Dot Money δεν είναι εντεταλμένο από καμία κυβέρνηση ή οργανισμό, αλλά είναι μια συμφωνία μεταξύ όλων των κατόχων και συνδρομητών.

Ποιά είναι η σχέση του Dot Money με τις συναλλαγές αντιπραγματισμού;

Το Dot Money είναι μια συμφωνία μεταξύ των κατόχων για να καταγράφονται οι αξίες των συναλλαγών που προσομοιάζεται περισσότερο με το αντισταθμιστικό εμπόριο σε σχέση με την ανταλλαγή χρημάτων. Οι χρήστες του Dot Money συμφωνούν να διατηρούν την αξία του Dot Money μέσα σε μια συγκεκριμένη τιμή συναλλάγματος έτσι ώστε οι συναλλαγές σε Dot Money να εξακολουθούν να έχουν τουλάχιστον την ίδια αγοραστική δύναμη σε κάποια μελλοντική χρονική στιγμή.**Απώτερος σκοπός του (GCR) είναι να χρησιμοποιήσει τους μηχανισμούς για να βοηθήσει στη διευκόλυνση πιο διαφανών συναλλαγών σε ολόκληρο τον κόσμο.**

Γιατί υπάρχει η ανάγκη για τους ανθρώπους να λάμβάνουν ένα μηνιαίο επίδομα;

Η ευημερία της παγκόσμιας οικονομίας εξαρτάται από τα χρήματα που ξοδεύουν οι καταναλωτές. **Το Dot Money δεν κάνει τους ανθρώπους πλούσιους αλλά τους παρέχει μια αυξημένη δυνατότητα να πραγματοποιήσουν τα όνειρά τους, να αποκτήσουν εκπαίδευση ή να εργαστούν με υπερηφάνεια ακόμα και σε χαμηλότερα αμειβόμενες εργασίες ενώ πραγματικά θα βελτιώνουν το συνολικό επίπεδο διαβίωσης.** Το Dot Money αναγνωρίζει ότι η συσσώρευση του οικονομικού πλούτου δεν είναι η υψηλότερη προτεραιότητα για κάθε άτομο στον κόσμο και ότι η ζωή πρέπει να είναι περισσότερο από απλά να προσπαθεί κανείς να τα βγάλει πέρα.Το **Dot Money λύνει το χρόνιο πρόβλημα διασφάλιζοντας ότι κάθε πρόσωπο στον κόσμο αποζημιώνεται επαρκώς για το διαχωρισμό της ιδιοκτησίας στον κόσμο** αν και αυτό δεν συμβαίνει στις μέρες και σε όλους λόγω των μεθόδων των κυβέρνησεων που έχουμε όλοι γίνει εξαρτώμενοι. Οι κυβερνήσεις κυρίως ρυθμίζουν την χρήση και την διανομή των αγαθών .**Δεδομένου ότι οι κυβερνήσεις είναι ένα ουσιαστικό μέρος της σύγχρονης ζωής, το Dot Money λειτουργεί ανταποδοτικά στους ανθρώπους για την χρήση της περιουσίας του που έχει ληφθεί υπό τον έλεγχο των αντίστοιχων κυβερνήσεων.** Αυτή η αποζημίωση είναι απαραίτητη, επειδή οι άνθρωποι "ζουν από τη γη" είτε είναι ιδιωτικής χρήσης είτε ανήκει στην κυβέρνηση.

Αυτή είναι η πανάρχαι τακτική των κυβερνήσεων να "παίρνουν" κάτι για να το δώσουν σε κάποιον άλλον,χωρίς προηγουμένως να έχει μελετηθεί σε ποιόν απευθύνεται. **Αυτή είναι η βασική αδυναμία στην δομή όλων των κυβερνήσεων της ιστορίας που έχουν αποτύχει να παρέχουν αποζημίωσεις για όσα έχουν ληφθεί τόσο από τους πλουσίους όσο και από τους φτωχούς. Αυτό το "παίρνουμε" χωρίς να δίνουμε αρκετά σε αντάλλαγμα έχει συστηματικά δημιουργησει δυσαρέσκεια εναντίον των κυβερνήσεων** καθ' όλη τη διάρκεια της ιστορίας. Οι επιπτώσεις αυτής της συλλογικής συνείδησης της δυσαρέσκειας μεταξύ των πολιτών του κόσμου,οδήγησαν σε μια θυμωμένη και συχνά χαοτική έκφραση της από άτομα που χρησιμοποιούν την παγκόσμια τεχνολογία των επικοινωνιών να ενώσουν τις δυνάμεις τους. **Αυτά τα σύγχρονα συναισθήματα και οι εκφράσεις της αναταραχής, προστίθονται στην αποσταθεροποίηση της παγκόσμιας οικονομίας και του κράτους δικαίου, καθώς οι άνθρωποι χάνουν την πίστη του στις κυβερνήσεις, στις τράπεζες, στις επιχειρήσεις και στους συνανθρώπους τους.**

Αυτή η σύγχρονη δυσαρέσκεια εκδηλώνεται με τα επιχειρήματα ομάδων, οι οποίοι φαίνεται να είναι ιδεολογικά αντίθετοι μεταξύ τους, αλλά στην πραγματικότητα εκφράζουν την ίδια δυσαρέσκεια σχετικά με το τι έχει ληφθεί από όλους αυτούς. Τα θεμελιώδη επιχειρήματα από τις πιο δημοφιλείς ομάδες σήμερα είναι η κοινή αποδοχή ότι κάτι τους λείπει ή τους το έχουν πάρει στα πλαίσια των οικονομικών και της οικονομίας. **Μια λίστα των δημοφιλών ομάδων που εμφανίζονται να διαφωνούν για ανεπάρκεια των δημοσιονομικών πόρων στις Ηνωμένες Πολιτείες περιλαμβάνει το κίνημα Occupy Wall Street,ιδιοκτήτες μικρών και μεγάλων επιχειρήσεων, το Ρεπουμπλικανικό Κόμμα, το κίνημα Tea Party,το Δημοκρατικό Κόμμα,τους Φιλελεύθερους και τους Ανεξάρτητους (αριστερά,** δεξιά και κεντρόα κόμματα).Άνθρωποι από όλα τα κόμματα και τις πολιτικές φιλοσοφίες φαίνεται να παραδέχονται ότι δεν υπάρχουν αρκετά χρήματα και ότι οι τρέχουσες προσφορές των κρατικών υπηρεσιών συμπεριλαμβανομένων των φορολογικών και της κοινωνικής πρόνοιας είναι δυσλειτουργικές,ανεπαρκής και ανυπόφορες.Το **Dot Money προβλέπει μια μη κομματική λύση που θα ικανοποιεί τις ανάγκες όλων των ενδιαφερομένων ομάδων χωρίς να παίρνει κάτι από κάποιον.**

Η σημερινή "κατασκευή" της οφειλής με βάση τα χρήματα, τα χρηματοπιστωτικά συστήματα πρόνοιας, και σχεδόν όλες τις άλλες υπηρεσίες που προσφέρονται από τις κυβερνήσεις του κόσμου, εξαρτώνται από την βαριά και αντιλαϊκή φορολογία και την αναδιανομή του πλούτου.Σχεδόν όλοι οι άνθρωποι, ανεξαρτήτως πολιτικών ή άλλων πεποιθήσεων, συμφωνούν ότι οι σημερινές λύσεις που παρέχονται από το δημόσιο είναι ανεπαρκής και οικονομικά μη βιώσιμες. **Ένας βασικός λόγος για τον οποίο τα συστήματα των κυβερνήσεων είναι μη βιώσιμα είναι τα ποσοστά μεταβολής του πληθυσμού του κόσμου και η έλλειψη της νομισματικής προσφοράς. Η λύση είναι να δημιουργηθεί μια άλλη οδό της ρευστότητας με βάση την συμφωνηθείσα αξία, η οποία είναι το Dot Money και αυτό επιδιώκει να παράσχει για τις κυβερνήσεις,τις επιχειρήσεις και τους ιδιώτες.**

Για να παρέχει σημαντικά οφέλη για τους πολίτες σε ολόκληρο τον κόσμο,το **Dot Money συνεργάζεται με επιχειρήσεις και κυβερνήσεις για να τους βοηθήσει να μειώσουν τα κόστη και τις παρανομίες.**

Γιατί να επιστρέψουμε στο πρότυπο του χρυσού;

Τα χρήματα και η αξία του υπάρχουν ως μια αφηρημένη έννοια που μπορεί να καταγραφεί. Επιστρέφοντας στη χρήση του χρυσού θα βοηθούσε περισσότερο στη σταθεροποίηση των παγκόσμιων νομισματικών συστημάτων και οικονομιών από το να συνεχίζεται η υπάρχουσα κατάσταση των πραγμάτων.Ωστόσο **υπάρχουν και πιο αποτελεσματικοί τρόποι να σταθεροποιηθεί το παγκόσμιο νομίσμα,**χρησιμοποιώντας τελευταίες τεχνολογίες και τα χρήματα που υπάρχουν στις μέρες μας.

Χρησιμοποιώντας ελέγχους για να καθορίστει η αξία των χρημάτων για κάθε συγκεκριμένο προϊόν, όπως στα πρότυπα του χρυσού, **θα ήταν περιττό και άσκοπο, και τελικά θαδημιουργουσε και άλλα προβλήματα.** **Ορισμένα από αυτά τα προβλήματα περιλαμβάνουν την τυχαία και ανεξέλεγκτη συγκεντρώση του πλούτου και την έλλειψη χρηματοοικονομικής σταθερότητας** ανάμεσα στις διάφορες χώρες του κόσμου. Ένα άλλο πρακτικό πρόβλημα με την χρήση του χρυσού είναι το ενδεχόμενο ότι, **με την πάροδο του χρόνου, της πραγματικής ζήτησης και την αντιληπτή αξία του χρυσού ενδέχεται να απαιτούνται περαιτέρω προσαρμογές και επανασχεδιασμός του εν λόγω εμπορεύματος που βασίζεται σε νομισματικό σύστημα, εάν** η φύση της σχέσης μας με το χρυσό αλλάξει ποτέ.

Επειδή όλοι είμαστε πραγματικά ανήσυχοι για τις σχέσεις μεταξύ των αξιών των συναλλαγών παγκοσμίως (για παράδειγμα η διατήρηση της αξίας των νομισμάτων σε σχέση με κάθε άλλη) **είναι πολύ πιο εύκολο να θεωρούμε και να καταγράφουμε την αξία συναλλαγών που είναι ανεξάρτητη από κάθε συγκεκριμένο εμπορεύμα.Η καταχώρηση της αξίας των συναλλαγών, όπως το Dot Money έχει πολύ περισσότερα χαρακτηριστικά από ό,τι το χαρτονόμισμα ή ο χρυσός, και είναι πολύ πιο ευέλικτη και μπορεί να προσαρμοστεί σε οποιεσδήποτε απρόβλεπτες μελλοντικές τεχνολογικές και οικονομικές ανάγκες.**

Οι έλεγχοι των τιμών μέσω νομοθετικών πράξεων αποδίδουν τιμή για συγκεκριμένα προϊόντα και

μπορούν να γίνουν πάντα από τις κυβερνήσεις σε κάθε περίπτωση χωρίς να βασίζουν το νόμισμά τους σε οποιαδήποτε συγκεκριμένα αγαθά.

Γιατί οι κυβερνήσεις, οι επιχειρήσεις και οι πολίτες θα θέλουν το Dot Money;

Το Dot Money βοηθά τις κυβερνήσεις επιδοτόντας ή, σε ορισμένες περιπτώσεις, καταργώντας τελείως το κόστος που συνδέεται με την παροχή των κοινωνικών προγραμμάτων, καθώς και τις συναφείς επιβαρύνσεις σε φορολογούμενους. Το Dot Money δεν λάμβάνει χρήματα από κανέναν άλλο για να συνδράμει τις κυβερνήσεις αλλά παρέχει ένα βασικό ελάχιστο εισόδημα για όλους τους ανθρώπους στον κόσμο.

Το Dot Money βοηθά τις επιχειρήσεις στη βελτίωση της διάθεσης των χρηματων στους εργαζομένους τους, τη μείωση των φόρων, επιτρέποντας στις επιχειρήσεις, στους ιδιοκτήτες και στους εργαζομένους να διατηρούν περισσότερα από το μισθό τους.

Το Dot Money βοηθά τα άτομα παρέχοντας τους ένα ελάχιστο μηνιαίο επίδομα που τους επιτρέπει να επικεντρωθούν σε ό,τι είναι πραγματικά σημαντικό για αυτούς. Η παροχή ενός βασικού μηνιαίου εισοδήματος επιτρέπει στους ανθρώπους να ζουν την ζωή τους χωρίς να είναι σκλάβοι σε χρήματα, αλλά να έχουν τουλάχιστον αρκετά χρήματα ανά πάσα στιγμή για να ανακαλύψουν και να ξεκλειδώσετε τις πραγματικές ατομικές τους δυνατότητες.

Τα θεμελιώδη στοιχεία της Dot Money έχουν ήδη χρησιμοποιηθεί με επιτυχία σε όλο τον κόσμο έτσι ώστε να εξασφαλίσουμε την επιτυχία του Dot Money.
Το Dot Money είναι ένα νόμισμα για καλό και αντιπροσωπεύει το επόμενο εξελικτικό βήμα της παγκόσμιας οικονομίας.το Dot Money είναι εξέλιξη που θα πραγματοποιηθεί σήμερα.

Η Investopedia.com προσδιορίζει το κοινοτικό νόμισμα ως "μια μορφή χαρτιού μερισματογράφων (scrip dividend shares) που εκδίδεται στο νομό, πόλη ή σε κοινοτικό επίπεδο για χρήση σε συμμετέχουσες επιχειρήσεις σε τοπικό επίπεδο.Η θεωρία πίσω από τα κοινοτικά νομίσματα είναι να ενθαρρύνει τις δαπάνες σε τοπικές επιχειρήσεις, σε αντιδιαστολή με τις ''αλυσίδες'' ή τα πολυκαταστήματα.

Υπάρχουν πολλά παραδείγματα επιτυχημένων κοινοτικών νομισμάτων, συμπεριλαμβανομένου του Brixton Pound (**http://brixtonpound.org**).Το **Dot Money είναι επίσης ένα κοινοτικό νόμισμα αλλά σε παγκόσμια κλίμακα για την παγκόσμια αγορά. Το** Dot Money δεν κάνει χρήση της ίδιας τεχνολογίας λογισμικού που χρησιμοποιείται από τους διαχειριστές των κοινοτικών νομισμάτων.

Η κοινότητα που εξυπηρετείται από το Dot Money είναι άνθρωποι σε όλο τον κόσμο που θέλουν ένα τέλος στην παγκόσμια οικονομική αστάθεια και οι οποίοι έχουν κουραστεί να ζουν υπό την απειλή των νομισματικών υποτιμήσεων και τις ασταθείς οικονομικές και επενδυτικές αγορές. Η κοινότητα του Dot Money είναι οι άνθρωποι εκείνοι που θέλουν **να μειώσουν ή να καταργήσουν τους φόρους, να αποφύγουν οι κυβερνήσεις, οι επιχειρήσεις, οι πολίτες την χρεοκοπία, και οι οποίοι επιθυμούν να παρέχουν ένα βασικό εισόδημα διαβίωσης για όλους τους ανθρώπους στον κόσμο,να βοηθήσουν για την εξάλειψη της φτώχειας** και τη βελτίωση της συνολικής υγείας και πρόνοιας όλων των ανθρώπων σε όλο τον κόσμο. Αυτό γίνεται χωρίς αποκλεισμό των φτωχών και πλουσίων και λαμβάνεται κάτι από τους ανθρώπους. Η κοινότητα του Dot Money είναι **εκείνοι που είναι υπέρ της εφαρμογής μιας νέας εποχής της νομισματικής πολιτικής και της παγκόσμιας οικονομικής**

ευημερίας, όπου οι άνθρωποι δεν υφίστανται ως σκλάβοι σε χρήματα, αλλά τα χρήματα είναι ένα εργαλείο που είναι προς όφελος όλων των πολιτών, των επιχειρήσεων και της κυβέρνησης, χωρίς εμπόδια σε οποιαδήποτε κυβέρνηση, επιχείρηση ή ομάδα ανθρώπων. Ορισμένοι αναφέρονται στο Dot Money ως το "Star Trek" της οικονομίας, αλλά το Dot Money είναι πραγματικά διαρκές σύστημα συναλλαγών.

Η εφαρμογή του Dot Money από το Παγκόσμιο αποθεματικό νόμισμα (GCR) χρησιμοποιεί ένα κατανεμημένο δίκτυο της συστήματα λογισμικού και το ανθρώπινο δυναμικό γνωστό πλέον και ως "Dot Masters" γιανα καταγράφει την ιδιοκτησία και την ανταλλαγή των Dot Money σε όλο τον κόσμο. Έτσι,το Dot Money είναι κατασκευασμένο με ένα εφεδρικό σύστημα που αποτελείται από ένα ανθρώπινο δίκτυο και **δεν απαιτεί τη χρήση μιας τράπεζας ή άλλου χρηματοπιστωτικού ιδρύματος για να διεξάγουν Dot Money στο λογαριασμό.Τεχνικά το Dot Money δεν είναι ένα νόμισμα σε όλα αλλά μάλλον Dot Money υπάρχει ως μια καταγραφή της μεταβίβασης της αξίας για αξία.** Ωστόσο, προκειμένου να βοηθήσει στη διευκόλυνση των συναλλαγών μεταξύ Dot Money και τα επι μέρους νομίσματα της GCR,Το Dot Money εργάζεται με τις τράπεζες σε όλο τον κόσμο για τη διασφάλιση και προώθηση της απρόσκοπτης ανταλλαγής μεταξύ του Dot Money και των τοπικών νομισματικών μονάδων των επιχειρήσεων που δέχονται και συναλλάσσονται με Dot Money. Η διαδικασία όπου το GCR κάνει μια αγορά σε Dot Money είναι εξαιρετικά απλή. Δημιουργεί ένα πολύ χαμηλού κινδύνου, εξαιρετικά επικερδείς και προσοδοφόρα ροή των κερδών των τραπεζών και των χρηματοπιστωτικών οργανισμών οι οποίοι επιτρέπουν Dot Money για να τηρούν λογαριασμούς και να διεξάγουν συναλλαγές μεταξί του Dot Money και άλλων νομισμάτων.
Παρόλο υπάρχουν στενές σχέσεις μεταξύ του Dot Money και των τράπεζων σε όλο τον κόσμο, ούτε το Dot Money ούτε το Παγκόσμιο αποθεματικό νόμισμα (GCR) είναι τράπεζες.Με την υπάρχουσα μορφή τους το GCR και το Dot Money δεν προσφέρουν

επενδυτικές συμβουλές ούτε δραστηριοποιούνται στην πώληση επενδυτικών προϊόντων.Το Dot Money και GCR επίσης δεν λειτουργεί ως συνάλλαγμα, ούτε διευκολύνει άμεσα οικονομικές συναλλαγές, ή παρέχει χρηματοπιστωτικές συναλλαγές υπηρεσιών μεταξύ τρίτων. **Το Παγκόσμιο αποθεματικό νόμισμα(GCR) είναι ένα ιδιωτικό ίδρυμα που αγοράζει και πωλεί ορισμένα νομίσματα για δικό της λογαριασμό και Dot Money και άλλα νομίσματα που GCR κρίνει ως "επιλέξιμα" για ανταλλαγή με Dot Money.** Επειδή οι τιμές συναλλάγματος μεταξύ Dot Money και των άλλων GCR επιλέξιμων νομισμάτων του κόσμου είναι σταθερές, το GCR άμεσα δημιουργεί μια αγορά στην παγκόσμια νομισματική κοινότητα, βοηθώντας στην ενίσχυση τους σε ή πάνω από συγκεκριμένα ποσοστά και συμβάλει στην σταθεροποίηση της παγκόσμιας οικονομίας για το καλό της ανθρωπότητας. Το GCR είναι επίσης το διοικητικό όργανο το οποίο προωθεί και διέπει την έκδοσή του, τις εργασίες και τη χρήση του Dot Money ως μέσο για να βοηθήσει στη βελτίωση του κόσμου.

Ποια είναι η διαφορά μεταξύ Dot Money και BitCoin;

Το λογισμικό συστημα καταγραφής ισοτημιών Dot Money χρησιμοποιεί τεχνολογία που προέρχεται από το λογισμικό του BitCoin για να δημιουργήσει μια νέα αυτόνομη, παγκόσμια καταγραφή σύστημα, το οποίο είναι ουσιαστικά διαφορετική από BitCoin. Το **Dot Money είναι ειδικά σχεδιασμένο για να βοηθήσει στην επίτευξη ορισμένων εποικοδομητικων στόχων.Στόχοι που δεν επιτευχθησαν ποτέ από τους σχεδιαστές του BitCoin.** Μπορείτε να σκεφτείτε το Dot Money ως μια σημαντικά βελτιωμένη έκδοση του BitCoin, με χαρακτηριστικά που κάνουν το Dot Money μοναδικό

Παρόλο που και το Dot Money και το BitCoin μπορουν να αποκτηθούν, αποθηκευθούν και καταναλωθουν με τον ίδιο τρόπο, υπάρχουν πολλές σημαντικές διαφορές μεταξύ τους επειδή το Dot

Money σχεδιάστηκε για εντελώς διαφορετικούς σκοπούς. Μερικές από τις θεμελιώδεις διαφορές μεταξύ BitCoin και Dot Money είναι οι εξής:

1. Δημιουργία και την απόκτηση. , προκειμένου να αποκτήσει κανείς BitCoins,πρέπει να επιδοθεί σε μια όλο και ακριβότερη και δησκολότερη προσπάθεια ηλεκτρονικής εξόρυξης τόσο δαπανηρής και ασταθείς όσο και η εξόρυξη χρυσού.Η δημιουργία ενός νέου "Dot" (η μονάδα του Dot Money) είναι υπό τον αποκλειστικό έλεγχο του Παγκόσμιου αποθεματικού νομίσματος (GCR), γεγονός που το καθιστά τον μοναδικό και αποκλειστικό διαχειριστή ρευστότητας

2. Συναλλαγματικές ισοτιμίες. Το ψηφιακό νόμισμα Bit Coin υπάρχει όπως οποιοδήποτε άλλο εμπόρευμα των οποίων συναλλαγματική ισοτιμία του κυμαίνεται από ημέρα σε ημέρα.Έτσι, η αξία των χρημάτων που χρειάζεται για να αγοράσετε BitCoins υπόκειται στις διακυμάνσεις της αξίας του BitCoin στην παγκόσμια αγορά συναλλάγματος και η αξία του BitCoin έχει αποδειχθεί ότι είναι εξαιρετικά ασταθής και απρόβλεπτη όπως οποιοδήποτε άλλο εμπόρευμα.Ένας από τους σκοπούς του Dot Money είναι να παρέχει ένα ασφαλές καταφύγιο από τις ταχείες υποτιμήσεις των νομισμάτων σε διεθνές επίπεδο για τους κατόχους του Dot Money. Έτσι,οι συναλλαγματικές ισοτιμίες του Dot Money είναι σκόπιμα προκαθορισμένες από το Παγκόσμιο αποθεματικό νόμισμα (GCR),το οποίο διαμορφώνει την αγορά του Dot Money , προκειμένου να βοηθήσουμε στη διατήρηση της αξίας του και κατ' αυτόν τον τρόπο, εμμέσως διαμορφώνει μια αγορά η οποία υπερασπίζεται την αξία όλων των νομισμάτων του κόσμου που είναι επιλέξιμα GCR (τα περισσότερα μεγάλα νομίσματα). Οι τελευταίες συναλλαγματικές ισοτιμίες μεταξύ Dot Money και των υπολήπων νομισμάτων του κόσμου μπορούν να βρεθούν στην ιστοσελίδα του το GCR σε www.GlobalCurrencyReserve.com.

3.Δηνατότητα ανταπάντησεων. Οι χρήστες του Dot Money είναι σε θέση να παραθέσουν τις απόψεις τους για για το Παγκόσμιο αποθεματικό νόμισμα (GCR) για όλα τα θέματα σχετικά με την εξέλιξη και τον κανονισμό του Dot

Money μέσω μιας ψηφοφορίας που διεξάγεται σε πραγματικό χρόνο μεταξύ των κατόχων του Dot Money.

4. Χρήση, με ή χωρίς το internet Επι του παρόντως η χρήση και οι συναλλαγές γενικότερα σε Bit Coin χωρίς την χρήση του διαδικτύου είναι εξαιρετικά δύσκολη εώς ακατόρθωτη σε συναλλαγές που διεξάγονται σε μικρά σημεία όπως ένα σούπερ μάρκετ.Το Dot Money επιτρέπει στον καταναλωτή να συνδιαλαγεί από οπουδύποτε στον κόσμο χωρίς την ανάγκη για χρήση χαρτονομισμάτων ή πιστωτικής κάρτας η την χρήση ιντερνετ ή μέσω έξηπνων συσκευώνΑυτό καθιστά το Dot Money πολύ ποιο ασφαλές για χρήση από οποιοδυποτε άλλο τρόπο συνδιαλαγής αφού περιλαμβάνει πολυεπιπεδα συστήματα ελέγχου και προστασίας ενάντια σε κυβερνοεπιθέσεις και γενικά παράνομες δραστηριοτητες.
5.Βιολογικό αρχείο και μέθοδοι διασφάλησης αντιγράφων ασφαλείας.Το Βιτ Coin όπως και όλα τα αντίστοιχα ψηφιακά νομίσματα χρηματοπιστωτικών συναλλαγών στηρίζουν την λειτουργεία τους διαδικτιακά μέσω ενός παγκόσμιου κατανεμημένου δικτύου που λειτουργεί απολύτως αυτόνομα.Το Dot Money λειτουργεί με έναν παρόμοιο τρόπο διατηρόντας ωστόσο εκτός από την ήλεκτρονική καταγραφή των αρχείων και φύσικές καταγραφές ανεξάρτητες και ανεπιρέαστες από οπποιαδύποτε ηλεκτρονική τεχνολογια.Εχει σχεδιαστεί κατά τέτοιο τρόπο ώστε να λειτουργεί και με τα δύο αυτά συστήματα ταυτόχρονα άλλα και ανεξάρτητα το ένα από το άλλο έτσι ώστε με την συνδρομή των Dot Masters να μην δεσμεύεται από το ιντερνετ,τα κινητά τηλέφων αή οποιαδύποτε άλλης μορφής τεχνολογία.Ετσι το Dot Money μπορεί να χρησιμοποιηθεί παντου κάτω από οποιεσδύποτε συνθήκες.Με την χρήση των Dot Masters το Dot Money είναι απόλυτα εξασφαλισμένο από κυβερνοεπιθέσεις ή άλλες απάτες.
6Προκαθορισμένος χρόνος χρήσης.Το Dot Money έχει ένα επιπλέον χαρακτηριστικό που δεν έχει το Bit Coin To Dot Money έχει την δυνατότητα να εκδοθεί μέσω του GCR κωδικοποιημένο ετσι ώστε να μην μπορεί να χρησιμοποιηθεί πριν από συγκεκριμένο χρονικο διάστημα.Με αυτόν τον τρόπο το Dot Money παρέχει την δυνατότητα σε κάθε κάτοχο του να αποταμιέυει ένα ποσό

χρημάτων και να αυξάνει την ρευστότητα του
Διατηρώντας το Dot Money για ένα χρονικό διαστημα
μπορεί επίσης να αποκομίζει επιπλέων κέρδη κατά την
μεταπώληση του.

7. Αποδέσμευση ρευστοτητας του κατόχου και αποδέσμευση υπο προυποθέσεις.

Αυτοί που ξοδεύουν Dot Money στις συναλλαγές τους
έχουν επίσης την δυνατότητα να αποκωδικοποιήσουν από
επιλογή το ποσό που θέλουν να ρευστοποιήσουν και να
χρησιμοποιήσουν οποιαδήποτε στιγμή το επιθυμούν
.Επίσης μπορούν να συνάψουν συμφωνίες μεταξύ των
εκάστοτε μερών που συνδιαλλάσσονται με Dot Money και
να συμφωνήσουν σε μια συγκεκριμένη ημέρα ή υπο
προϋποθέσεις για την αποδέσμευση –αποκωδικοποίηση
του Dot Money Με τον τρόπο αυτό διασφαλίζουν και
μεταξύ τους την διαφάνεια ,την φερεγγυότητα και την
εύρυθμη λειτουργία των συναλλαγών τους.

**8. Μια ευκαιρία για να κάνει κανείς χρήματα
(Φορείς ρευστότητας).** Υπάρχουν ορισμένοι άνθρωποι
οι οποίοι ασχολήθηκαν με τον τομέα του BitCoin" και
έκαναν μικρές περιουσίες όταν η τιμή και η ρευστότητα
της BitCoin εδραιώθηκε σε όλο τον κόσμο. Σήμερα όσοι
επιθυμούν να κάνουν τα χρήματα μέσω του BitCoins
πρέπει να γίνει κερδοσκόποι κατά κάποιον τρόπο,
ελπίζοντας ότι οι τιμές του BitCoins στην ανοικτή αγορά
θα λειτουργήσουν προς όφελός τους. Εναλλακτικά
ορισμένοι εξακολουθούν να προσπαθούν να αποκτήσουν
νέα BitCoins μέσω της όλο και όλο και πιο ακριβή και
απρόβλεπτη διαδικασία της ηλεκτρονικής εξόρυξης
BitCoins. Όσοι ψάχνουν πηγές των BitCoins ρισκάρουν
σε κόστος,χρόνο και χρήμα περιμένοντας ως αποτέλεσμα
η αξία των BitCoins, να εκτιμηθεί επαρκώς από τις
παγκόσμιες αγορές, για την κάλυψη των δαπανών και να
τους δώσει τα επιθυμητά κέρδη.

Επειδή ο σχεδιασμός και οι στόχοι του Dot Money είναι
διαφορετικοί από εκείνοι του BitCoins, και έχει σχεδιαστεί
ώστε οι ανταλλαγές να γίινονται εντός σταθερών
ποσοστών σε σχέση με όλες τις άλλες Παγκόσμιες
αποθεματικέ νομισματικές μονάδες (GCR), υπάρχουν
περισσότερο προβλέψιμοι τρόποι για όσους επιθυμούν να
έχουν κέρδος από το Dot Money, με σημαντικά οφέλη και
εύκολα κατανοητούς τους κινδύνους από αυτό.

Για περισσότερες πληροφορίες σχετικά με το πώς
μπορείτε να συμμετέχετε στην έναρξη της Dot Money,
αναζητήστε την ευκαιρία να γίνεται χρηματοδότης
κάνοντας μια μη φορολογήσιμη δωρεά για το έργο της
Dot Money πηγαίνοντας στην ιστοσελίδα
www.DotMoney.Cash.

Ο καθένας μπορεί να ασχοληθεί με το Παγκόσμιο
αποθεματικό νόμισμα (GCR) μετά την έναρξη της Dot
Money αρκεί να γίνει ένας "πάροχος ρευστότητας" για το
GCR. Οι φορείς ρευστότητας αγοράζουν διαθέσιμο
Χρόνο, Dot Money,που μπορούν να δαπανηθεί μόνο σε
κάποια στιγμή μετά την αγορά από το GCR. Ο χρόνος
αυτός πωλείται σε εκπτωτικές τιμές που έχουν
δημιουργηθεί από το GCR και ανάλογα με το χρονικό

διάστημα που ο αγοραστής συμφωνεί να χρησιμοποιεί το Dot Money και φορά κωδικοποιημένες δαπάνες από τον ιδιοκτήτη που μπορούν να χρησιμοποιηθούν σε μελλοντική ημερομηνία. Με την αγορά και εκμετάλλευση του ''Κωδικοποιημένου Χρόνου'' οι φορείς ρευστότητας βοηθούν το GCR να δημιουργήσει μια αγορά στο Dot Money και να διατηρήσει την αξία της Dot Money και όλων των επιλέξιμων νομισμάτων σε ολόκληρο τον κόσμο. Κάθε ιδιώτης ή κάθε οργάνωση μπορεί να είναι μια εταιρεία παροχής ρευστότητας για Dot Money και το GCR και οι φορείς ρευστότητας βοηθούν για να σταθεροποιηθεί η παγκόσμια οικονομία και εκπληρωθούν επωφελής στόχοι του έργου της Dot Money.

Οι φορείς παροχής ρευστότητας παρέχουν στο Παγκόσμιο αποθεματικό νόμισμα (GCR) με πρόσθετα κεφάλαια για να δημιουργήσουν και να διατηρήσουν μια αγορά σε Dot Money και στα υπόλοιπο επιλέξιμες νομίσματα του κόσμου. Γιατί η συναλλαγή για την αγορά του Διαθέσιμου Χρόνου της Dot Money επιτυγχάνεται στο σημείο όπου ο αγοραστής αποκτά την κυριότητα στον Διαθέσιμο χρόνο της Dot Money, και δεν υπάρχει καμία ανάγκη για οποιοδήποτε χρηματοπιστωτικό ίδρυμα να κρατήσει χρήματα ή διατηρήστε επαφή με το Dot Money για λογαριασμό του αγοραστή. Έτσι, αγοράζοντας Διαθέσιμο Χρόνο παρέχεται στον αγοραστή η προστασία από την αφερεγγυότητα ή κατάρρευση κάθε χρηματοπιστωτικού ιδρύματος.

Σήμερα η Dot Money και το Παγκόσμιο αποθεματικό νόμισμα (GCR) δεν πωλούν Dot Money ή κωδικοποιημένο Χρόνο''Dot Money.Όλες οι μορφές της Dot Money θα είναι διαθέσιμες μόνο για αγορά χρησιμοποιώντας τα GCR επιλέξιμα νομίσματα μετά την ημερομηνία κυκλοφορίας του Dot Money.Την ενδεικτική ημερομηνία κυκλοφορίας του Dot Money μπορεί κανείς να την βρει στην ιστοσελίδα (www.DotMoney.com).Ο μόνος τρόπος για να ασχοληθεί κανείς με την Dot Money είναι να συμμετάσχει ως '' συνεταιρικός'' χρηματοδότης της GCR και του Dot Money. Για περισσότερες πληροφορίες σχετικά με το πώς να γίνεται χρηματοδότης και να στήριξεται την Dot Money μεταβείτε στη διεύθυνση www.DotMoney.Cash.

9. *Λειτουργία σύμφωνα με τους νόμος.* Δυστυχώς, το BitCoin έχει αποκτήσει τη φήμη της ως εργαλείο που μπορεί να επιτρέψει ανώνυμες ανταλλαγές των χρημάτων που είναι δύσκολο να εντοπίσουμε και να μπορεί να γίνουν αντικείμενο κατάχρησης από επιτήδειους .Ενώ οι συναλλαγές σε Dot Money εκτελούνται κατά τον ίδιο τρόπο όπως BitCoins, δεν υπάρχει κεντρικός διαχειριστής για την δημιουργία BitCoins όπως υπάρχει για Dot Money.Ως αποτέλεσμα, υπάρχουν και άλλοι τρόποι να το Παγκόσμιο αποθεματικό νόμισμα (GCR) και το Dot Money που μπορούν να βοηθήσουν την επιβολή του νόμου σε όλο τον κόσμο κατά των επιτήδειων. Το Παγκόσμιο αποθεματικό νόμισμα (GCR) και Dot Money δημιουργούνται για να βοηθήσουν τις κυβερνήσεις, καθώς και τους ιδιώτες, και ως τέτοιο είναι ήδη το GCR διότι μπορεί να συνεργαστεί με τις κυβερνήσεις και τους αντίστοιχους επιβολής του νόμου για την καταπολέμηση της απάτης και της ''εγκληματικότητας'' όποτε είναι δυνατό.

10. Επιχειρηματικό Μοντέλο,Κίνητρα και Φορολογία

Το Dot Money δημιουργήθηκε με διαφορετικούς στόχους σε σχέση με το Bit Coin. Κατ' επέκταση θα υπάρχει πάντα τρόπος για τους ιδιώτες και τις εταιρίες να κερδίσουν χρήματα ως φορείς παροχής ρευστότητας και αγοράζοντας διαθέσιμο χρόνο της Dot Money με τις ανάλογες εκπτώσεις. Επιπλέον το επιχειρηματικό μοντέλο Dot Money περιλαμβάνει κίνητρα για να ενθαρύνει τους ιδιώτες και τις επιχειρ'ησεις να κρατήσουν τα διαθέσιμα τους στην Dot Money για μεγα'λο χρονικό διάστημα ενώ εξακολουθεί να παρέχει σημαντικές ευκαιρίες για τις τράπεζες και τα χρηματοπιστωτικά ιδρύματα να βελτιώσουν τα κέρδη τους και να επωφεληθούν οικονομικά από εργασία με GCR στα εγγενή τους νομίσματα. Οι άνθρωποι που διατηρούν Dot Money ουσιαστικά δημιουργούν κέρδη για τις τοπικές τράπεζές που εργάζονται με το GCR.

Ένα από τα αρχικά και πρόσθετα κίνητρα που έχουν σχεδιαστεί για να ενθαρρύνουν τους ανθρώπους να χρησιμοποιήσουν το Dot Money είναι η πληρωμή των φόρων επί των πωλήσεων ορισμένων πράξεων που διενεργούνται σε Dot Money.

Άλλο ένα σημαντικό κίνητρο για τη χρήση και συναλλαγή με Dot Money είναι η προσφορά στους συνδρομητές μιας μηνιαίας χρηματοδότησης για να βοηθήσει στην παροχή ενός ελάχιστου ποσού χρημάτων σε κάθε άτομο ώστε να πληρώσουν για την τροφή ,το ενοίκιο, την ιατρική περίθαλψη , την εκπαίδευση, τη μεταφορά και την επικοινωνία τους.

Οι τράπεζες θα ωφεληθούν με το να διατηρούν λογαριασμούς για το GCR που χρησιμοποιούνται από το GCR να αγοράζουν και να πωλούν Dot Money σε όλο τον κόσμο. Το GCR τυπικά μόνο θα δανείζεται αντι αγαθών για να αγοράζει και πουλά Dot Money. Επιπλέον, επειδή ούτε το GCR ούτε Dot Money είναι εμπορικά δανειοδοτικά ιδρύματα, οι τράπεζες που κατέχουν λογαριασμούς για Dot Money θα έχουν την πολυτέλεια μεγάλων καταθέσεων στο χέρι για να διευκολύνεται η χορήγηση δανείων στις επιχειρήσεις.

Οι κυβερνήσεις και επιχειρήσεις θα επωφεληθούν από σημαντικά χαμηλότερες δαπάνες που συνδέονται με τους ανθρώπινους πόρους συμπεριλαμβανομένης και μείωση των δαπανών που συνδέονται με την παροχή υπηρεσιών υγείας και πρόνοιας. Αυτό συμβαίνει εξαιτίας του προγράμματος της Dot Money που προβλέπει τελικά για κάθε άνθρωπο στον κόσμο ένα ελάχιστο μηνιαίο επίδομα. Οι κυβερνήσεις που θα δεχθούν το Dot Money θα επωφεληθούν επίσης έχοντας την αξία των δικών τους νομισμάτων ενισχυμένη από την αγορά που ικανοποιείται από το GCR στη διατήρηση της Dot Money.Οι κυβερνήσεις, που στην πραγματικότητα δέχονται το Dot Money για την πληρωμή φόρων και κυβερνητικών υπηρεσιών θα είναι σε θέση να μειώσουν ουσιαστικά και, σε ορισμένες περιπτώσεις να εξαλείψουν πλήρως τα εθνικά τους χρέη διαχρονικά. Θα είναι στην διακριτική ευχέρεια της διοίκησης του GCR να παρέχει εξειδικευμένες υπηρεσίες ρευστότητας στις τράπεζες και στις κυβερνήσεις των επιλέξιμων χωρών του GCR.

Ποια είναι τα ιδανικά και οι στόχοι της Dot Money;

Η Dot Money επιδιώκει να παράσχει τις ακόλουθες λύσεις για τους χρήστες της και να συμβάλει στο να καταστούν αυτές οι λύσεις εφικτές, προωθώντας την χρήση της Dot Money σε όλο τον κόσμο:

1. Τέλος στη φτώχεια παρέχοντας σε κάθε πρόσωπο στον κόσμο ο οποίος γίνεται συνδρομητής, μηνιαίες καταβολές χρημάτων σε ποσά που απλά είναι αρκετά για να παρέχουν ένα ελάχιστο επίπεδο διαβίωσης, όπου κάποιος μπορεί να πληρώσει για ενοίκιο, τρόφιμα και άλλες ανάγκες. Τελικά, το πρόγραμμα επιδιώκει να καλύψει το κόστος της εκπαίδευσης και την ιατρική κάλυψη του κάθε συνδρομητή.

2.Παροχή στήριξης στις κυβερνήσεις καθιστώντας μια αγορά σε Dot Money. Έτσι το Παγκόσμιο αποθεματικό νόμισμα (GCR) δημιουργεί άμεσα μια αγορά σε επιλέξιμα νομίσματα και βοηθά στη διατήρηση των αντίστοιχων αξιών. Επιπλέον, χρησιμοποιώντας Dot Money, το GCR σκοπεύει να βοηθήσει τις κυβερνήσεις καταβάλλοντας ορισμένα από τα μεγαλύτερα έξοδα των κυβερνήσεων που συνδέονται με την κοινωνική πρόνοια, παρέχοντας το ελάχιστο μηνιαίο επίδομα.

3. Συμβολή στην σταθεροποίηση της παγκόσμιας οικονομίας και προστασία από γρήγορες και ακραίες υποτιμήσεις των μεγάλων GCR νομισμάτων με την πρόβλεψη ενός μηχανισμού αντιστάθμισης κινδύνων, που λειτουργεί ως ασφαλιστική πολιτική για να προστατεύσει την αξία των μεγάλων παγκόσμιων νομισμάτων ανά πάσα στιγμή και ιδίως κατά τη διάρκεια της κρίσης, πολέμου και καταστροφών.

4. Βοήθεια στις επιχειρήσεις για να εξοικονομούν χρήματα και να μειώνουν τα κόστη πληρώνοντας για ένα μέρος ή ολόκληρο το ποσό των φόρων επί των πωλήσεων στις αντίστοιχες κυβερνήσεις τους όταν το Dot Money χρησιμοποιείται ως μέσο ανταλλαγής. Φόροι επί των πωλήσεων θα πληρώνονται στις φορολογικές αρχές σε οποιοδήποτε συνδυασμό με τα εγγενή νομίσματα ή Dot Money στη διακριτική ευχέρεια των αρχών.

5. Βοήθεια στη μείωση της ανάγκης των κυβερνήσεων να συλλέγουν τους φόρους εισοδήματος. Το Dot Money θα βοηθήσει τις κυβερνήσεις να μειώσουν ουσιαστικά τους φόρους ή να εξαλειφτεί η ανάγκη για ορισμένους φόρους, συμπεριλαμβανομένου των φόρων εισοδήματος.

6. Συμβολή στην άμβλυνση, ή εξάλειψη εντελώς του εθνικού χρέους του κάθε GCR στον κόσμο, των οποίων οι κυβερνήσεις θα επιτρέπουν τη χρήση της Dot Money μέσα στα σύνορά τους και θα δέχονται το Dot Money ως αμοιβή αυτών.

7. Παροχή ενός εργαλείου για τους απλούς πολίτες, επιχειρήσεις, οργανισμούς και κυβερνήσεις για να προστατεύσουν την αξία των χρημάτων που έχουν κερδίσει. Σήμερα οι άνθρωποι οι οποίοι ενδιαφέρονται για την προστασία της αξίας των χρημάτων που έχουν εργαστεί σκληρά για να μαζέψουν, ενθαρρύνονται από διάφορους κερδοσκόπους να επενδύσουν σε αποθέματα, ομόλογα, εμπορεύματα και τίτλους ιδιοκτησίας. Το πρόβλημα είναι ότι επενδύοντας σε οποιοδήποτε από αυτά τα χρηματοπιστωτικά προϊόντα και αγαθά εκτίθεται ο επενδυτής στους κινδύνους που συνδέονται με τις διακυμάνσεις των τιμών στην παγκόσμια αγορά των προϊόντων αυτών στα οποία έχουν επενδύσει, και το βασικό νόμισμα στο οποίο τους γίνονται επενδύσεις.

Το αποτέλεσμα είναι ότι ένας επενδυτής σε μια παγκόσμια αγορά, ακόμη και αν επενδύσει σε ασφαλισμένα τραπεζικά ομόλογα, δεν διασφαλίζει ότι τα κεφάλαια που επενδύονται θα έχουν την ίδια αγοραστική δύναμη σε σχέση με την παγκόσμια οικονομία όπως είχαν όταν επενδύθηκαν εξ αρχής, ακόμη και αν η επένδυση επιστραφεί στο ακέραιο. Το Dot Money δεν είναι ένα επενδυτικό προϊόν, αλλά μια καταγραφή της συναλλαγματικής αξίας για τη αξία που υποστηρίζεται από τους χρήστες της Dot Money. Αυτά η αξία παραμένει σταθερή όσο γίνονται συναλλαγές μεταξύ των χρηστών του Dot Money.

Το Dot Money δεν είναι σχεδιασμένο για να αντικαταστήσει τα τοπικά νομίσματα αλλά να συμβάλει στη στήριξη της αγοράς σε όλα τα GCR. Έτσι, ο μοναδικός κίνδυνος για τους ανθρώπους που μετατρέπουν τα νομίσματά τους σε Dot Money θα συμβεί εάν όλοι σταματήσουν να χρησιμοποιεί Dot Money.Η αποκλειστική δραστηριότητα της του Παγκόσμιου αποθεματικού νομίσματος (GCR) είναι να γίνει η κύρια αγορά δημιουργίας και διαχειρισης των Dot Money.Άλλες δευτερεύουσες αγορές για συναλλαγή στις λιανικές αγορές σε Dot Money θα μπορούν επίσης να υπάρχουν.

Κατ' αυτόν τον τρόπο χρησιμοποιώντας Dot Money (αγοράζοντας Dot Money) παρέχεται προστασία έναντι υποτίμησης που μπορεί να προκύψει από την ανεξέλεγκτη διακύμανση των τιμών του συναλλάγματος μεταξύ όλων των παγκόσμιων νομισμάτων. Με άλλα λόγια, οι άνθρωποι που συναλλάσσονται σε Dot Money διατηρούν την αξία των τοπικών τους νομισμάτων κατά το χρόνο αγοράς του Dot Money. Τα ρευστά στοιχεία ενεργητικού που κατέχονται για το Dot Money και τα Dot Money μπορούν να μετατραπούν σε μια μεταγενέστερη ημερομηνία πίσω σε οποιαδήποτε GCR επιλέξιμο νόμισμα, με την ίδια σταθερή τιμή όπως όταν αγοράστηκε το Dot Money. Έτσι το Dot Money διατηρεί την αξία του στο χρόνο σε σχέση με το σύνολο των νομισμάτων που χρησιμοποιούνται. Την στιγμή που το Dot Money θα είναι αποδεκτό σε όλο τον κόσμο, μπορεί να χρησιμοποιηθεί ακριβώς όπως οποιαδήποτε άλλα νόμισμα, και δεν υπάρχει ανάγκη να μετατρέπει από Dot Money σε οποιοδήποτε άλλο νόμισμα.

8. Εφαρμογή του Dot Master στο ανθρώπινο σύστημα.
Το GCR θα παράσχει μια ανθρώπινη βάση και παγκόσμια χρηματοπιστωτική συναλλαγή που δεν θα εξαρτάται από το διαδίκτυο ή άλλα ηλεκτρονικά μέσα. Η ανθρώπινη αυτή βάση κάνει χρήση των ανθρώπων που αποκαλούνται διαχειριστές του Dot και διατηρούν αντίγραφα που βρίσκονται και διανέμονται στο λογισμικό δικτύου του Dot Money. Η Dot Money μπορεί να χρησιμοποιηθεί σε ολόκληρο τον κόσμο για την αγορά και πώληση αγαθών και υπηρεσιών, καθώς και την καταγραφή των τιμών ανταλλαγής που γίνονται χρησιμοποιώντας Dot Money.Το GCR θα παράσχει μια ανθρώπινη βάση, λογιστικής και συστήματος συναλλαγών μαζί με την ηλεκτρονική τήρηση αρχείων συστήματος, ώστε να βοηθήσει στην ανίχνευση και την περαιτέρω μείωση της απάτης, και να εξασφαλίσει ότι η αξία και η χρησιμότητά του Dot Money διατηρείτε για τους χρήστες, παρά τις ανθρωπογενείς ή φυσικές καταστροφές ή βλάβες των τεχνολογιών του internet.

9. Συνέχιση της εφαρμογής μεθόδων για τη λήψη , διατήρηση και δαπανούν του Dot Money που μπορεί να χρησιμοποιηθεί σε ολόκληρο τον κόσμο, με ή χωρίς τους υπολογιστές ή κινητά τηλέφωνα και σε απομακρυσμένες τοποθεσίες.
Το δίκτυο συναλλαγών του dot Money είναι σχεδιασμένα για να είναι σε θέση να αποθηκεύειει αρχεία και να μπορεί να χρησιμοποιείται χωρίς υπολογιστές, και χωρίς φυσική παρουσία κάρτες ή άλλες φυσικές παραστάσεις των χρημάτων σε απομακρυσμένες τοποθεσίες. Αυτό είναι, προκειμένου να περιοριστεί η απάτη και η μείωση των τρωτών σημείων που συνδέονται με τις παγκόσμιες ηλεκτρονικά επικοινωνίες και τα συστήματα στο διαδίκτυο. Η Dot Money χρησιμοποιεί μια νέα τεχνολογία ΄οπου θα καταστήσει το Dot Money και το Παγκόσμιο αποθεματικό νόμισμα (GCR) ισχυρό , χρησιμοποιώντας μια ταυτόχρονη μέθοδο δημιουργίας αντιγράφων

ασφαλείας που αποτελείται από ένα τεράστιο ανθρώπινο δίκτυο της Dot Masters που διατηρεί τα ίδια αρχεία που υπάρχουν στο παγκόσμιο ηλεκτρονικό δίκτυο της. Με αυτό τον τρόπο η Dot Money θα μπορέσει να λάβει χώρα σε περιοχές όπου δεν υπάρχει τεχνολογία και να προστατέψει όλους τους χρήστες του Dot Money ανά τον κόσμο από τεχνολογικά σφάλματα.

10. Διευκόλυνση όλα τα μέσα της παγκόσμια ανταλλαγή ανταλλαγών. Το Dot Money θα επιδιώξει

να αναπτύξει και να εφαρμόσει ένα μηχανισμό με τον οποίο το Παγκόσμιο αποθεματικό νόμισμα (GCR) μπορεί να βοηθήσει στη διευκόλυνση στο διεθνές αντιστάθμισμα στο εμπόριο αγαθών και υπηρεσιών, ενεργώντας ως μεσάζων στο εμπόριο. Επειδή η Dot Money είναι μια διεθνής οργάνωση και το Dot Money είναι κάτι περισσότερο από ένα εικονικό ή αφηρημένη νόμισμα, οι μονάδες του Dot Money μπορούν να εκφραστούν με τη μορφή αγαθών ή υπηρεσιών. Με τον τρόπο αυτό ένα άτομο μπορεί να εξίσου εύκολα να ανταλλάξει αγελάδες ως αξία για την τιμή (ή οποιοδήποτε άλλο στοιχείο ή υπηρεσία) αντί του Dot Money, αλλά αξιοποιώντας την υποδομή του Dot Money.

Η ενασχόληση με το αντισταθμιστικό εμπόριο είναι μια ανθρώπινη πρακτική και συμφωνεί με τιμή που θα καταβληθεί για να διευκολυνθεί το εμπόριο· ότι ακριβώς αποτελεί η βάση της Dot Money. Η Dot Money και το GCR θέλει να είναι μέρος στη διευκόλυνση και εξέλιξη των πρακτικών ανταλλαγής σε όλο τον κόσμο προκειμένου να βοηθήσει την παγκόσμια οικονομία να εξελιχθεί και να συνειδητοποιήσει πλήρως τις δυνατότητές της.

Τι μπορώ να κάνω με Dot Money;

Μπορείτε να χρησιμοποιήσετε το Dot Money να αγοράσετε αγαθά και υπηρεσίες σε όλο τον κόσμο με έναν τρόπο παρόμοιο με αυτό του Bit Coin, αλλά με περισσότερο προηγμένα χαρακτηριστικά που επιτρέπουν συναλλαγές με ελάχιστη τεχνική και εμπειρία. Μπορείτε να μετατρέψετε το Dot Money σε οποιοδήποτε άλλο παγκόσμιο νόμισμα (GCR) επιλέξιμες νόμισμα σε οποιαδήποτε στιγμή στο διαδίκτυο ή επί προσωπικού σε οποιαδήποτε τράπεζα στον κόσμο που υποστηρίζει το Dot Money ή το GSR. Ωστόσο, προκειμένου το Dot Money για να έχει όσο το δυνατόν μεγαλύτερη επιτυχία συμβουλεύει τους χρήστες να κρατήσουν τα χρήματα σε μορφή Dot μορφή όσο το δυνατόν περισσότερο διάστημα. Για την περαιτέρω επικράτηση και συνδιαλλαγή σε Dot Money, μέρος των σχεδίων του GCR είναι να πληρώσει τους φόρους επί των πωλήσεων επιλεγμένων προϊόντων και υπηρεσιών σε συναλλαγές που πραγματοποιούνται σε Dot Money.Επειδή Dot Money μπορεί να χρησιμοποιηθεί ακριβώς όπως τα χρήματα δεν υπάρχει λόγος να το μετατρέψετε ξανά σε άλλα νομίσματα, εκτός από τους σκοπούς της χορήγησης δανείων, οι επενδύσεων και άλλες επιχειρηματικών σκοπών που διεξάγονται από τις τράπεζες και χρηματοπιστωτικά ιδρύματα.

Σε τελική ανάλυση, αν αρκετοί άνθρωποι χρησιμοποιούν Dot Money, το σύστημα αυτό θα επιτρέπει στους συνδρομητές να λαμβάνουν μια ελάχιστη μηνιαία πληρωμή για τη χρήση του, προκειμένου να βοηθήσει στην καταπολέμηση της φτώχειας. Στα τρέχοντα σχέδια είναι να καταλήξουμε σε ένα καθαρό ποσό ισοδύναμο με $1.600 δολάρια ανά μήνα μετά φόρων κατά την εκτίμηση που έγινε την 1η Δεκεμβρίου 2014. Είναι προφανές ότι αυτή η διευκόλυνση θα είναι μεγάλη βοήθεια σε κυβερνήσεις που έχουν επιλέξει το GCR, βοηθώντας αυτές να μειώσουν τα κόστη που σχετίζονται με την κοινωνική πρόνοια. Το **Dot Money είναι μια λύση σε ιδιωτικό επίπεδο στον τομέα της κοινωνικής πρόνοιας που δεν απαιτεί την ανακατανομή του πλούτου. Το** Dot Money βοηθά κάθε άτομο στον κόσμο καθώς και τις αντίστοιχες κυβερνήσεις να ξεκλειδώσουν το πλήρες δυναμικό τους. Εκείνοι που εφαρμόζουν αυτό το σύστημα και έχουν εγκριθεί για να λάβουν το μηνιαίο επίδομα θα έχουν επίσης τη δυνατότητα να εκφράσουν τις επιθυμίες, τις ανησυχίες και τις ιδέες στους, στους διαχειριστές της Dot Money μέσω ενός συστήματος ψηφοφορίας σε πραγματικό χρόνο, όπου θα διευκολύνονται από το GCR εάν κάνουν χρήση του Dot Money, τη στιγμή που η ψηφοφορία είναι προγραμματισμένη να διεξαχθεί.

Τα Dot Money μπορούν να χρησιμοποιηθούν από τις επιχειρήσεις για να μειώσουν το κόστος των συναλλαγών ενώ οι διαχειριστές τελικά να πληρώσουν το φόρο επί των πωλήσεων που συνδέονται με τις συναλλαγές ο οποίος καταβλήθηκε για τη χρήση του Dot Money. Με αυτόν τον τρόπο το κόστος των επιχειρήσεων θα είναι χαμηλότερο και οι χρήστες της Dot Money θα έχουν κίνητρα για αγορά αγαθών και υπηρεσιών από τους πωλητές που αποδέχονται Dot Money.

Τα Dot Money μπορούν να χρησιμοποιηθούν από ιδιώτες, χρηματιστές, επιχειρήσεις, τράπεζες και κυβερνήσεις ως ένα εργαλείο που παρέχει οικονομική αντασφάλιση κατά την υποτίμηση των μεγάλων παγκόσμιων νομισμάτων, ειδικά εκείνα τα νομίσματα που είναι επιλεγμένα για ανταλλαγές σε Dot Money.

Τα Dot Money μπορούν να αποτελέσουν επιχειρηματική πηγή για τις τράπεζες και τα άλλα χρηματοπιστωτικά ιδρύματα όπου θα διευκολύνουν κάθε είδους οικονομικές συναλλαγές. Υπάρχουν εξαιρετικές δυνατότητες και θετικά οφέλη για τις τράπεζες που εργάζονται απευθείας με Dot Money και το Παγκόσμιο αποθεματικό νόμισμα (GCR).

Επιπλέον, υπάρχουν κερδοφόρες ευκαιρίες για ιδιώτες, επιχειρήσεις, τράπεζες και άλλους οργανισμούς οι οποίοι μπορούν να υποβάλουν αίτηση για να καταστούν φορείς παροχής ρευστότητας ή να εργαστούν ως διαχειριστές του Dot και του GCR ώστε να κερδίσουν χρήματα αγοράζοντας και πουλώντας Dot Money για λογαριασμό του GCR, που είναι το διοικητικό όργανο της Dot Money.

Οι άνθρωποι που θέλουν να αποκτήσουν Dot Money πρέπει να εγγραφούν χρησιμοποιώντας την ηλεκτρονική τους διεύθυνση (email) χρησιμοποιώντας τις παρακάτω μεθόδους για να αποκτήσουν το Dot Money γα δικό τους λογαριασμό:

1. Πρόσκληση. Αποδεχτείτε την πρόσκληση από το Παγκόσμιο αποθεματικό νόμισμα (GCR) για να συμμετάσχετε στην εφαρμογή και διαχείριση των Dot Money. Αποδεχτείτε μιας πρόσκληση για να γίνετε αντιπρόσωπος του Dot Money (σύμφωνα με τις αρχές Dot Money για κάθε χώρα) καθώς και Dot Master(χρήστης), (σύμφωνα με τη βάση Dot Money δικτύου διαμεσολαβητών), οι οποίοι καλούνται και επιλέγονται αντίστοιχα από την διαχείριση των Dot Money και το GCR για να συνεργάζονται απευθείας με αυτό, και εξ ονόματος αυτού, προκειμένου να διαχειρίζονται προωθούν και να διευκολύνουν τη χρήση του Dot Money στα αντίστοιχα εδάφη τους. Εκείνοι οι οποίοι θα συμβάλλουν με τη συμμετοχή τους στην χρηματοδότηση του σχεδίου Dot Money πριν από την επίσημη έναρξη του, θα έχουν προνομιακή μεταχείριση για να εργαστούν με το Dot Money επί πληρωμή καθώς και άλλα πιθανά οφέλη και ανταμοιβές. Για περισσότερες πληροφορίες σχετικά με το πώς μπορείτε να γίνετε χρηματοδότης του Dot Money επισκεφθείτε την ιστοσελίδα www.DotMoney.Cash.

2. Απευθείας αγορά του Dot Money. Αγοράστε το Dot Money απευθείας από το διοικητικό όργανο του Dot Money ή από τις συμμετέχουσες τράπεζες,με τις κατάλληλες ισοτιμίες για τις συναλλαγές όπως θα καθορίστούν από τοδιοικητικό συμβούλιο, μετά την έναρξη της Dot Money.Τα Dot Money θα διατεθούν προς πώληση από το Παγκόσμιο αποθεματικό νόμισμα (GCR) μετά από την επίσημη έναρξη του Dot Money. Για την ημερομηνία παρουσίασης του Dot Money επισκεφθείτε την ιστοσελίδα GCR www.DotMoney.Cash.

3. Γίνετε ένας πάροχος ρευστότητας. Για να γίνεται ένας "Πάροχος ρευστότητας", αγοράστε χρόνο από το Dot Money μετά την έναρξη του με ένα προεξοφλητικό επιτόκιο που προσφέρεται από το Παγκόσμιο αποθεματικό νόμισμα (GCR). Ο διαθέσιμος Χρόνος ή (κωδικοποιημένος) μπορούν να δαπανηθεί μόνο στο μέλλον σύμφωνα με το χρόνο έκδοσης του κώδικα που θα παραδίδεται στον αγοραστή αμέσως μόλις τον αγοραστεί. Οι πάροχοι ρευστότητα δεν βοηθούν μόνο το GCR να διατηρήσει την αξία του Dot Money, αλλά επίσης συμβάλλου στη σταθεροποίηση ολόκληρης της παγκόσμιας οικονομίας και της αξίας όλων των επιλέξιμων GCR νομίσματων (των πιο ισχυρών και πολλών άλλων νομισμάτων).

4. Δεχτείτε το Dot Money ως πληρωμή. Μετά την έναρξη του Dot Money μπορείτε να πωλείτε προϊόντα και υπηρεσίες με αντάλλαγμα Dot Money. Επιχειρήσεις που θέλουν να δεχθούν το Dot Money ως μια μορφή της πληρωμής μπορούν να χρησιμοποιήσουν την πύλη πληρωμής που θα αναπτύσσεται κατ' ιδίαν σε συνεργασία με το Παγκόσμιο αποθεματικό νόμισμα (GCR).

5. Χρήση του Dot Money ως οικονομική αντασφάλιση για νομισματικές συναλλαγές. Μετά από την ημερομηνία έναρξης της Dot Money όλοι θα μπορούν αγοράζουν και να ανταλλάσουν Dot Money σε όλο τον κόσμο με τον ίδιο τρόπο που τα BitCoins ανταλλάσσονται. Επειδή η τιμή συναλλάγματος της Dot Money και όλα τα GCR νομίσματα είναι σταθερά μέσα σε μια ειδική ισοτιμία, Dot Money δημιουργεί ένα νέο και ισχυρό εργαλείο αντιστάθμισης κινδύνων για τους χρήστες σε όλο τον κόσμο. Ορισμένοι θεσμικοί επενδυτές, χρηματοπιστωτικά ιδρύματα και τράπεζες θα μπορούν να διαπραγματεύονται απευθείας με το GCR για συγκεκριμένες τιμές συναλλάγματος.

6. Μηνιαίο επίδομα. Μετά από την επίσημη έναρξη και περαιτέρω ανάπτυξη του Dot Money και τη σύνδεση των συστημάτων, οι άνθρωποι θα είναι σε θέση να κάνουν αίτηση για να λάβουν μια ελάχιστη μηνιαία καταβολή από το Dot Money (ή το βασικό ελάχιστο εισόδημα ή "ΒΜΙ"). Το ποσό αυτό θα είναι επαρκές ώστε να παρέχει στους δικαιούχους αρκετά χρήματα για να πληρώσουν για τροφή, ενοίκιο και πρόσθετες βασικές ανάγκες. Τελικά, το σύστημα θα προσπαθήσει να βοηθήσει στην κάλυψη του κόστους της βασικής ιατρικής ασφάλισης, βασικές επικοινωνίες, μεταφορές και την εκπαίδευση. Το ποσό μπορεί να χρησιμοποιηθεί για οποιαδήποτε λόγο που θέλει ο δικαιούχος και οι φόροι εισοδήματος που σχετίζονται με την παραλαβή του Dot Money θα καταβληθούν στην κυβέρνηση του εκάστοτε δικαιούχου από τη διοικητική ομάδα του Dot Money (εάν η κυβέρνηση απαιτεί ότι το ποσό αυτό θα φορολογείται).

Πώς λειτουργεί το Dot Money;

Το **Dot Money λειτουργεί ως αποτέλεσμα της συνεργασίας πολλών διαφορετικών ατόμων, επιχειρήσεων και των χρηματοπιστωτικών ιδρυμάτων και τραπεζών. Το πιο σημαντικό στοιχείο για την επιτυχία του Dot Money είναι η βούληση των απλών ανθρώπων να επιμένουν στο να βοηθήσουν στην επίτευξη των στόχων του Dot Money χρησιμοποιώντας , προωθώντας και συναλλάσσοντας με Dot Money όσο το δυνατόν περισσότερο, ώστε να ενθαρρύνουν και άλλες χώρες να πράξουν το ίδιο.** Αν δεν υπάρχει ζήτηση για τα ιδανικά, τους στόχους και τις λύσεις που προβλέπονται από Dot Money , τότε κανείς δεν θα χρησιμοποιήσει Dot Money, και το Dot Money θα πάψει να υπάρχει με παρόμοιο τρόπο όπως κάθε νόμισμα συμπεριλαμβανομένων το Αμερικανικό δολάριο το οποίο έπαυε να ισχύει εάν όλοι σταματούσαν την χρήση του. Ωστόσο, όπου υπάρχει μια ειλικρινή θέληση των ατόμων να βάλουν τέλος στη φτώχεια, προκειμένου να βοηθήσουμε να βελτιώσουν τις ζωές των φτωχών χωρίς να παίρνουμε τίποτα από τους πλούσιους, και όπου υπάρχει η επιθυμία να έχουμε μια σταθερή παγκόσμια οικονομία, να αποφεύγουν οι κυβερνήσεις την χρεοκοπία, να μειώνονται οι φόροι και να διατηρείται η αξία των νομισμάτων με τα οποία όλοι συναλλάσσονται , τότε το Dot Money και οι χρήστες του θα ευημερήσουν. Το Dot Money ωθείται από την ανθρώπινη θέληση, και διευκολυνθεί τι πολίτες, τις επιχειρήσεις και τις κυβερνήσεις να θέλουν περισσότερα.

Ως επιχειρηματική δραστηριότητα το Dot Money και το Παγκόσμιο αποθεματικό νόμισμα (GCR) δεν είναι η ίδια οργάνωση. Το Παγκόσμιο αποθεματικό **νόμισμα (GCR) είναι ένα ιδιωτικό κερδοσκοπικό ίδρυμα που διαχειρίζεται την έκδοση του Dot Money εξ ονόματος των χρηστών και των συνδρομητών του Dot Money.** Το GCR είναι ένα διεθνές επιχειρηματική οργάνωση, με ξεχωριστές ανεξάρτητες επιχειρηματικές υπηρεσίες που διευκολύνουν την εφαρμογή και χρήση του Dot Money στις χώρες του GCR για λογαριασμό του GCR. **Η διεθνής δομή του Dot Money μοιάζει με τη δομή του Αμερικανικού Ομοσπονδιακού Αποθεματικού** όπου τα κράτη του Dot Money είναι οι οργανισμοί που κατέχουν ιδιώτες αλλά οργανώνονται από το GCR, και διενεργούν επιχειρηματικές δραστηριότητες εξ ονόματος του GCR στα αντίστοιχα εδάφη τους, προκειμένου να ασκούν τους στόχους του GCR.Οι οργανώσεις μέλη του **Dot Master (αναφέρονται επίσης ως τα Πρωτεύον μέλη των αντίστοιχων εδαφών) παίρνουν** κάποια κέρδη από την διαχείριση των χρημάτων υπό την κατεύθυνση του GCR, και από τις επιχειρηματικές δραστηριότητες που διεξάγονται στον τομέα τους. Τα πρωτεύον μέλη επίσης λαμβάνουν επιδοτήσεις, καθώς και ένα μέρος από το ετήσιο μέρισμα που τους καταβάλλονται από το GCR που έχει εκδοθεί ως ένα μικρό ποσοστό σε σχέση με το ποσό των χρημάτων που κρατούνται από το GCR κατά τη διάρκεια του έτους.

Ακόμη και αν το GCR έχει ορισμένες διαρθρωτικές ομοιότητες και κάποιες παρόμοιες λειτουργίες με το Αμερικανικό Ομοσπονδιακό Αποθεματικό **υπάρχουν σημαντικές διαφορές μεταξύ των λειτουργιών και των σκοπών τους.**

Η πρώτη σημαντική διαφορά είναι ότι **η αποστολή της**

το GCR έχει παγκόσμιο χαρακτήρα και δεν εξυπηρετεί τα συμφέροντα της κάθε χώρας. Επιχειρεί να δρά σε συνεργασία με όλες τις κυβερνήσεις και τις επιχειρήσεις σε όλο τον κόσμο **που επιτρέπουν τη χρήση των Dot Money για την επίτευξη των ειδικών στόχων του Dot Money προς όφελος της ανθρωπότητας. Το GCR επιδιώκει να συνεργαστεί με όλες τις πολιτισμένες κυβερνήσεις αλλά και** να **διανέμει την υποδομή** της GCR και Dot Money σε όλο τον κόσμο **προκειμένου να μειωθούν οι κίνδυνοι που βιαίως δημιουργούνται από κάθε μεμονωμένη κυβέρνηση.** Το GCR είναι ο φίλος της ειρήνης που αγαπάει κυβερνήσεις και ανθρώπους σε ολόκληρο τον κόσμο και δραστηριοποιείται εντός των ορίων των νόμων των χωρών στις οποίες το GCR διεξάγει επιχειρηματικές δραστηριότητες. Ωστόσο, το **GCR έχει επίσης την ευθύνη να παραμείνει όσο το δυνατόν πιο αμερόληπτο με σεβασμό σε κάθε ενιαίο GCR ή ομάδα χωρών. Το GCR έχει επίσης την ευθύνη να αντέξει σε τυχόν αρνητικές ενέργειες που μπορεί να ανακύψουν ενάντια στο GCR.**

Επιπλέον, το GCR δεν είναι μια τράπεζα, εμπορικά δανειοδοτούμενο ίδρυμα, μεσιτεία, σύμβουλος επενδύσεων, ούτε αποθηκεύει αξίες για κάθε οργάνωση εκτός από τον εαυτό του.Όταν το Dot Money θα εκδοθεί δεν θα είναι απαραίτητη η ''αποθήκευση' του. Το GCR είναι μια ιδιωτική επιχείρηση με συνδεδεμένες εταιρείες σε όλες τις χώρες όπου το Dot Money θα μπορεί νόμιμα να χρησιμοποιηθεί. Το GCR παρέχει έναν κατάλογο στο δικτυακό του τόπο με τις χώρες των οποίων το νόμισμα είναι επιλέξιμο για διαπραγμάτευση με το GCR, μαζί με την αξία με την οποία το GCR συναλλάσει τα Dot Mone. Με τον τρόπο αυτό,θα υποστηρίζει άμεσα και θα δημιουργεί μια αγορά για κάθε GCR.Οι GCR χώρες είναι εκείνες των οποίων οι κυβερνήσεις λειτουργούν σε συνεργασία με το Dot Money και μπορεί επίσης να περιλαμβάνει και άλλες χώρες, οι οποίοι επιτρέπουν τα Dot να χρησιμοποιούνται από τους πολίτες και δεν προβλέπουν ρητά ή απαγορεύουν τη χρήση του Dot Money ή να κάνουν την χρήση των Dot Money επαχθής.

Το **Dot Money χρησιμοποιεί ορισμένα από τα ίδια επιτυχή λογισμικά και μεθοδολογίες όπως το BitCoin με πολλές σημαντικές βελτιώσεις που διακρίνουν το Dot Money σε λειτουργία και σκοπό από το BitCoin.** Dot Money δημιουργείται για διαφορετικούς σκοπούς από BitCoin και **οι θεμελιώδεις διαφορές έχουν στη δημιουργία, την επίτευξη και των συναλλαγματικών ισοτιμιών της Dot Money σε αντιδιαστολή με BitCoin.**

Τα καινούργια BitCoins δημιουργήθηκαν κατά τρόπο ανάλογο με την εξόρυξη του χρυσού, εκτός από το ότι οι άνθρωποι ασχολούνται με τους υπολογιστές τους σε μια εντατική και δαπανηρή διαδικασία ''εξόρυξης''. Κάπως έτσι το Bot Coin είναι άλλο ένα εμπόρευμα, όπως ο χρυσός, εκτός του ότι δεν μπορείτε να κρατήσετε ένα BitCoin στο χέρι σας.Το Bit είναι ένα αντικείμενο διαπραγμάτευσης στις παγκόσμιες αγορές με παρόμοιο τρόπο όπως οποιοδήποτε άλλο εμπόρευμα με τιμές που κυμαίνονται ανάλογα με δυνάμεις της αγοράς της προσφοράς και της ζήτησης για BitCoins.

Το Dot Money δημιουργήθηκε για διαφορετικό σκοπό και συνεπώς **η δημιουργία του Dot Money διέπεται από ένα διοικητικό όργανο (ανθρώπων) που ονομάζεται και "Dot Masters"(διαχειριστές) υπό τη διεύθυνση του Dot Money Παγκόσμιου αποθεματικού νομίσματος (GCR).** Οποιοσδήποτε ιδιώτης ή οργανισμός στον κόσμο, μπορεί να υποβάλουν αίτηση για να καταστούν διαχειριστής. Οι Dot Masters αποτελούνται από τους ιδιοκτήτες και διαχειριστές του συστήματος καθώς και άτομα και οργανώσεις από όλο τον κόσμο.

Για να το θέσουμε απλά μπορείτε να σκεφτείτε το GCR ως χώρο αποθήκευσης για τα χρήματα από όλο τον κόσμο, 'όπου αξία των μονάδων του Dot Money όπως και οι τιμές με τις οποίες το GCR υπεραμύνονται των αξιών αυτών των παγκόσμιων νομισμάτων. **Το GCR διατηρεί το μεγαλύτερο μέρος των χρημάτων που λαμβάνει ως αντάλλαγμα για την πώληση μονάδων του Dot Money που ονομάζονται Dot (κουκκίδες). Η αξία** του Dot Money προσδιορίζεται με το GCR που εμπορεύεται Dot Money μέσα σε ένα σταθερό εύρος των συναλλαγματικών ισοτιμιών για τα επιλέξιμα νομίσματα. Έτσι το GCR παρέχει στους χρήστες του Dot Money με μια ισχυρή κάλυψη εναντίον της υποτίμησης των νομισμάτων σε διεθνές επίπεδο με αντάλλαγμα την χρήση απλά Dot Money.Αν και τα Dot Money μπορούν να χρησιμοποιηθούν με τον ίδιο τρόπο όπως τα χρήματα, τα Dot Money δεν είναι πραγματικά χρήματα, αλλά μια ηλεκτρονική και έντυπη καταγραφή της ανταλλαγής της αξίας που προστατεύεται από τους χρήστες του Dot Money, τα GCR και τις ενώσεις μέλη, τις κυβερνήσεις, τις τράπεζες, επιχειρήσεις και προπαντός την ανθρώπινη θέληση σε όλο τον κόσμο. Τα ποσοστά του συναλλάγματος μεταξύ Dot Money και τις χώρες που γίνονται δεκτά τα Dot Money καθορίζονται και προσαρμόζονται με το Dot Money και τους διαχειριστές του GCR. Το GCR συνεργάζεται με τις αντίστοιχες κυβερνήσεις, τις τράπεζες και τους εμπλεκόμενους φορείς για να διατηρεί τη βέλτιστη των συναλλαγματικών ισοτιμιών. Το **Dot Money συνεργάζεται με τράπεζες και κυβερνήσεις για να αποτρέψει την υποτίμηση των νομισμάτων που είναι επιλέξιμες και έγινε δεκτό το Dot Money στο Παγκόσμιο αποθεματικό νομισματικό (GCR) σύστημα.**

Η αξία και η επιτυχία του Dot Money ουσιαστικά εξαρτάται από τη βούληση των πολιτών και των οργανώσεων που υποστηρίζουν τους στόχους του Dot Money χρησιμοποιώντας απλά Dot Money και επιμένοντας ότι οι επιχειρήσεις όσο και οι κυβερνήσεις αποδέχονται επίσης τη χρήση του Dot Money σε μεγάλο βαθμό. Οι περισσότεροι άνθρωποι χρησιμοποιούν Dot Money αποφεύγουν τη μετατροπή, πάλι σε οποιαδήποτε άλλο παγκόσμιο νόμισμα τόσο καλύτερα το Dot Money θα μπορέσει να επιτύχει τους στόχους για το καλό όλων των ανθρώπων του κόσμου. Επιπλέον, η χρήση του, και η επιτυχία του Dot Money θα συμβάλει στη σταθεροποίηση και ενίσχυση της αξίας όλων των άλλων νομισμάτων του κόσμου, η οποία θα επιτρέπει στις κυβερνήσεις να παρέχουν καλύτερο και πιο αποδοτικό τρόπο παροχής υπηρεσιών προς τους πολίτες και τις τοπικές τράπεζες και να παρέχουν περισσότερες πιστώσεις και δάνεια σύμφωνα με τις δικές τους πρακτικές.

Άλλοι εταίροι που σχετίζονται με την επιτυχία τουDot Money τα οποία χρησιμοποιούνται από το GCR αλλά δεν είναι κατ' ανάγκην να ανήκουν ή να ελέγχονται άμεσα από το GCR **μπορεί αν είναι: παγκόσμια συστήματα πληρωμών, πάροχοι υπηρεσιών, τεχνολογίας, τράπεζες, οι διαχειριστές των ταμείων, των χρηματοδοτικών ιδρυμάτων, ιδιωτικών και κρατικών συναλλάγματος και συναλλάγματος παρόχων υπηρεσιών**.

Όλες οι σχέσεις μεταξύ GCR και του ευρύ κοινού, εκτός από ορισμένες αγορές ή πωλήσεις του Dot Money και άλλων νομισμάτων για το όφελος υπόψη του GCR, πραγματοποιούνται σε συνεργασία με τις επιχειρήσεις και τους ιδιώτες που έχουν νόμιμη άδεια για να παρέχουν αυτές τις υπηρεσίες τους στις χώρες τους. Αν και κανένα θεσμικό όργανο δεν μπορεί ποτέ εντελώς να προστατευθεί από την σκοτεινή πλευρά της ανθρώπινης φύσης που οδηγεί στην απάτη, το **Dot Money και το GCR κάνει το καλύτερο για τη δημιουργία και διατήρηση σχέσεων με τους φορείς παροχής υπηρεσιών έχοντας ακεραιότητα, καλή τη πίστει, και καλές προθέσεις, και αυτή η πρακτική είναι διαρκής και θα διέπετε από τους ισχύοντες νόμους και κανονισμούς.**

Γιατί οι κυβερνήσεις υποστηρίζουν το Dot Money;

Το **Dot Money δεν είναι μια απειλή για την παγκόσμια πρακτική της ελεύθερης νομισματικής συναλλαγής και του κέρδους.** Το Παγκόσμιο αποθεματικό νόμισμα (GCR) χρησιμοποιεί το **Dot Money** ως εργαλείο για να βοηθήσει στο να καταστήσει μια αγορά στο GCR (για τις περισσότερες χώρες) και να συμβάλει στη διατήρηση της αξίας των νομισμάτων αυτών προς όφελος όλων των ανθρώπων. Το GCR χρησιμοποιεί Dot Money **για να παράσχει ρευστότητα και διευκόλυνση προς τις κυβερνήσεις, τις τράπεζες, τα χρηματοπιστωτικά ιδρύματα και τους ιδιώτες.**

Επιπλέον, είναι **ένας από τους στόχους του το GCR να πληρώσει τους φόρους επί των πωλήσεων των συναλλαγών που πραγματοποιούνται με Dot Money.**

Τέλος, ο στόχος της GCR στη χρήση Dot ως ένα μέσο για να πληρώσει σε κάθε πρόσωπο στον κόσμο ένα ελάχιστο μηνιαίο επίδομα για να εξασφαλίσει ένα ελάχιστο επίπεδο διαβίωσης και να πληρώσει επίσης τους φόρους που σχετίζονται με τα έξοδα διαβίωσης του εάν είναι απαραίτητο. Έτσι, το **GCR θα βοηθήσει στη μείωση, και σε ορισμένες περιπτώσεις θα εξαλείψει τα βαριά έξοδα από τις κυβερνήσεις ώστε να παρέχουν γενικές υπηρεσίες κοινωνικής πρόνοιας.**

Γιατί οι τράπεζες υποστηρίζουν το Dot Money;

Το **Dot Money δεν είναι μια απειλή για τις τράπεζες, αλλά δίνει τη δυνατότητα στις τράπεζες να διατηρούν όσο το δυνατόν περισσότερα από τα εγγενή νόμισμα για κατάθεση, ανά πάσα στιγμή, προκειμένου να αποκομίσουν κέρδη από το δανεισμό του νομίσματος.Το** Dot Money δεν προορίζεται για να αντικαταστήσει τα νομίσματα των κυρίαρχων χωρών, αλλά για να βοηθήσει στην μεγιστοποίηση της αξίας των νομισμάτων αυτών. Επιπλέον, το GCR δεν εμπλέκεται σε χρέη με βάση τη δημιουργία ή τον δανεισμό κεφαλαίων από τα οποία οι τράπεζες αντλούν τα κύρια κέρδη. Με τον τρόπο αυτό το **Dot Money δεν ανταγωνίζεται με τις τράπεζες,** σε κάθε περίπτωση όπου το Dot Money θα χρησιμοποιείται θα πρέπει να είναι ίσο ποσό των επιλέξιμων GCR νομισμάτων για κατάθεση σε μία ή περισσότερες τράπεζες σε κάθε χώρα όπου το Dot Money είναι σε χρήση. Ως τέτοιο το Dot Money δεν είναι ο εχθρός των τραπεζών και **επιδιώκει να συνεργάζεται με όσο το δυνατό περισσότερες τράπεζες όπου θα μπορεί κανείς να σε πάει κάθε τοπική τράπεζα για να αγοράσει ή να πωλήσει Dot Money, με τη χρήση των κεφαλαίων στους τραπεζικούς λογαριασμούς που τηρούνται στη τράπεζα για το όφελος του GCR.**

Η σχέση ανάμεσα στο GCR και οποιαδήποτε λιανική ή εμπορική τράπεζα είναι εξαιρετικά απλή. **Οι τράπεζες θα καταστούν εταίροι με το GCR επιτρέποντάς το να τηρεί λογαριασμούς στην τράπεζα, προκειμένου αυτές να δεχθούν χρήματα από τους ανθρώπους που θέλουν να αγοράσουν Dot Money, και για να μπορέσει το GCR να αγοράσει Dot Money για λογαριασμό του** από τους απλούς ανθρώπους. Η χρήση **πιστωτικών καρτών ή χρήση των πολύπλοκων εμπορικών λογαριασμών δεν είναι απαραίτητη** , προκειμένου για μια τράπεζα να συνεργαστεί με το GCR και το Dot Money. Επιπλέον, **οι τράπεζες που είναι** σε θέση να **παράσχουν στο GCR μια απλή ιντερνετική τραπεζική συναλλαγή** (όπως χρησιμοποιείται από πολλά εμπορικά λογιστικά πακέτα) δεν θα **μπουν στον κόπο να συνδέονται με τη διαχείριση του λογαριασμού** του GCR όπου αυτό θα είναι σε θέση να παρακολουθεί από απόσταση και να συναλλάστε από τους λογαριασμούς.

Υπάρχουν σημαντικά κέρδη και δεν ενέχονται κίνδυνοι για τις τράπεζες που επιτρέπουν το GCR για διεξάγει επιχειρηματικές δραστηριότητες με τις τράπεζες, οι τράπεζες μπορούν να αποκομίσουν άμεσο κέρδος από το δανεισμό στο GCR επειδή το GCR απλά κρατάει τα χρήματα στην τράπεζα και χρησιμοποιεί aDot Money για τα κεφάλαια που άντλησε από την πιστωτική διευκόλυνση που παρέχεται από την τράπεζα όπου αυτά ασφαλίζονται από τις καταθέσεις σε μετρητά για λογαριασμό του GCR . Με άλλα λόγια,το **GCR απλά κρατά τα χρήματα στο λογαριασμό των τράπεζων που συμμετέχουν** (με το εγγενές νόμισμα της τοπικής τράπεζας) **και στη συνέχεια μόνο αποσύρει χρήματα κάτω από το πιστωτικό όριο που παρέχεται από την τράπεζα η οποία είναι ασφαλισμένη με τις**

καταθέσεις στους λογαριασμούς στο GCR. Με τον
τρόπο αυτό το GCR καταβάλλει τους τόκους της τράπεζας
για την τήρηση χρημάτων που δαπανούνται από το GCR
σε επαναγορά Dot Money. Το GCR μόνο αγοράζει Dot
Money χρησιμοποιώντας πιστωτικές γραμμές από τις
τράπεζες εταίρους, προκειμένου να διασφαλιστεί ότι το
GCR διατηρεί κεφάλαια σε αποθεματικό ανά πάσα στιγμή,
προκειμένου να μετριασθεί ο κίνδυνος για κάθε
συγκεκριμένο νόμισμα. **Κοστίζει λιγότερα χρήματα
για το GCR να καταβάλει τόκους για τα χρήματα που
χρησιμοποιούνται για να αγοραστούν Dot
Money απ' ό,τι εάν το GCR ήταν να εξαγοράσει Dot
Money σε οποιοδήποτε άλλο νόμισμα.** Με τον τρόπο
αυτό το GCR χρησιμοποιεί το χρέος με βάση το δανεισμό
στις τράπεζες σε ολόκληρο τον κόσμο και επιτρέπει τις
τράπεζες να κάνουν χρήση των χρημάτων όσο το
δυνατόν καλύτερα. Και πάλι το κόστος συναλλαγής είναι
ουσιαστικά ανύπαρκτο για τις τράπεζες επειδή το GCR
παρακολουθεί τους δικούς του τραπεζικούς
λογαριασμούς, καταθέσεις και θέματα δαπανών μέσω των
τραπεζών λογισμικών API.

Ο λόγος για τον οποίο οι επιχειρήσεις και οι πάροχοι υπηρεσιών θα αποδέχονται τα Dot

Μόνο οι επιχειρήσεις και οι φορείς παροχής υπηρεσιών
που δεν είναι υπέρ του να βοηθήσουν στην επίλυση των
προβλημάτων της παγκόσμιας οικονομικής ευημερίας του
κόσμου, θα είναι αντίθετοι με την αποδοχή του Dot
Money για πληρωμές.

**Προκειμένου να μειωθούν οι κίνδυνοι που
συνδέονται με οποιαδήποτε οργάνωση που θέλει να
δεχτεί toDot Money για την πληρωμή, το GCR είναι
μια οριστικοποίηση της δημιουργίας ενός
συστήματος πληρωμής και πύλη πρόσβασης που θα
επιτρέπει στους πωλητές οι οποίοι αποδέχονται
τα Dot Money όπου το σύνολο ή οποιοδήποτε
μέρος της πληρωμής να μετατρέπεται σε εγγενή
νόμισμα ως προϋπόθεση για την ολοκλήρωση της
συναλλαγής.** Ενώ **το GCR πάντα θα ενθαρρύνει τις**

επιχειρήσεις να συναλλάσσονται και διατηρούν τις πληρωμές σε Dot Money στο μέτρο του δυνατού , το GCR κατανοεί ότι οι τρέχουσες οικονομικές συνθήκες και οι κίνδυνοι απαιτούν για ορισμένες συναλλαγές, το **GCR να επιτρέπει την πληρωμή με εγγενή νομίσματα** των πωλητών που δέχονται Dot Money για την πληρωμή.

Για να δοθούν κίνητρα στους πωλητές σε όλο τον κόσμο να δέχονται πληρωμές με Dot Money, να διατηρούν τις πληρωμές σε Dot Money και να πληρώνουν τα δικά τους έξοδα στο Dot Money,**η πρόθεση του GCR είναι τελικά να πληρώνει τους φόρους επί των πωλήσεων που συνδέονται με ορισμένες συναλλαγές που διεξάγονται στο Dot Money**. Αυτοί οι φόροι επί των πωλήσεων θα πρέπει να καταβάλλεται απευθείας στην κυβέρνηση αρχές στις αντίστοιχες χώρες τους ο οποίος είναι αρμόδιος για την είσπραξη των φόρων και θα καταβάλλεται είτε σε Dot Money ή στην εγγενή νόμισμα των φορολογικών αρχών κατά την κρίση τους.

Οι πωλητές και οι επιχειρήσεις που κάνουν χρήση και συναλλάσσονται με Dot Money, δίνουν την υποστήριξή τους στους στόχους του Dot Money, και θα έχουν αναπόφευκτα μείωση τους κόστος των επιχειρηματικών δραστηριοτήτων τους. Αυτό ισχύει ιδιαίτερα όχι μόνο λόγω των στόχων του GCR για να πληρώσει τους φόρους επί των πωλήσεων για Dot Money συναλλαγές , αλλά και επειδή ο στόχος της είναι να παρέχει ένα ελάχιστο μηνιαίο επίδομα για όλους τους ανθρώπους στον κόσμο. Οι ιδιοκτήτες επιχειρήσεων που υποστηρίζουν τους στόχους του GCR τελικά θα μειώσουν τις δικές τους δαπάνες που σχετίζονται με την απόκτηση και τη διατήρηση υψηλής ποιότητας ανθρώπινου δυναμικού. Εάν οι υπάλληλοι ήδη πληρώνονται κάποια χρήματα από το GCR τότε θα μπορούν να είναι σε ευχάριστη θέση ακόμη και με κατώτατους μισθούς σε άλλες θέσεις εργασίας γιατί θα προστεθεί ένα εισόδημα στο ήδη υπάρχον εισόδημα τους. Επιπλέον, επειδή οι άνθρωποι **δεν θα πρέπει να λαμβάνουν θέσεις από ανάγκη, αλλά με τη δική τους ελεύθερη βούληση θα είναι πιο πιθανό να υπάρχει μια υψηλότερη**

ποιότητα υπηρεσιών, γιατί οι άνθρωποι δεν θα ανησυχούν για το πόσα χρήματα θα βγάλουν. Οι άνθρωποι θα είναι ελεύθεροι να επιλέξουν τι δουλειές που θέλουν πραγματικά αντί να αναγκάζονται να αναλαμβάνουν εργασίες που δεν τους αρέσει απλά για να επιβιώσουν.

Οι τράπεζες, χρηματοπιστωτικά ιδρύματα, επιχειρήσεις και τα άτομα που εργάζονται με χρηματοοικονομικές συναλλαγές θα μπορούν να χρησιμοποιούν Dot Money ως ένα εργαλείο για να δημιουργήσουν ένα φράχτη ενάντια στην υποτίμηση των νομισμάτων.

Γιατί οι ιδιώτες να δεχθούν και να χρησιμοποιήσουν τα Dot Money;

Είναι δεδηλωμένος ο στόχος του (GCR) και του Dot Money να παρέχει ένα μηνιαίο επίδομα διαβίωσης σε κάθε άτομο στον κόσμο, συμπεριλαμβανομένων και των πλουσίων και των φτωχών, προκειμένου να παρέχουν ένα δίχτυ ασφαλείας που θα επιτρέψουν στους ανθρώπους να διατηρούν ένα ελάχιστο επίπεδο διαβίωσης, ακόμα και αν αυτοί είναι άνεργοι για οποιονδήποτε λόγο. Αυτό δεν είναι μια νέα ιδέα. Για περισσότερες πληροφορίες σχετικά με αυτό το θέμα, καθώς και άλλα συναφή θέματα παρακαλούμε να προμηθευτείτε ένα αντίγραφο του βιβλίου "Dot Money" από τον Eric Majors από την ιστοσελίδα www.DotMoneyBook.com. Ο στόχος είναι να παρέχει σε κάθε χρήστη Dot Money και σε κάθε GCR επιλέξιμη χώρα ένα καθαρό εισόδημα (μετά από φόρους) των **$1.600 δολαρίων ανά μήνα, κατά τη διάρκεια της ζωής τους** ($1.600 δολάρια σύμφωνα με την **αγοραστική δύναμη των δολαρίων από την 1η Δεκεμβρίου 2014**).

Το επιχειρηματικό μοντέλο του (GCR) και του Dot Money μπορεί και θα μπορέσει να γίνει πραγματικότητα μόνο αν οι άνθρωποι κα ˙νουν τα απαραίτητα βήματα καταλήγοντας να **συναλλάσσονται στο Dot Money όσο το δυνατόν περισσότερο,** όσο το δυνατόν πιο συχνά, και να αιτούνται να κάνουν το ίδιο και οι αντίστοιχες κυβερνήσει στο μέγιστο δυνατό βαθμό.

Οι συνέπειες για την επίτευξη του στόχου της παροχής μηνιαίων υποτροφιών και για την επίτευξη των άλλων στόχων του GCR είναι εξαιρετικά θετικές για ολόκληρο τον κόσμο. **Φανταστείτε ότι δεν θα χρειάζεται να ανησυχείτε ότι δεν έχετε χρήματα να πληρώσετε για τροφή, ενοίκιο, εκπαίδευση, τις βασικές ιατρικές δαπάνες, κ. τ. λ.** φανταστείτε ότι θα μειωθεί και η εγκληματικότητα γιατί οι άνθρωποι δεν θα χρειάζεται να κλέβουν για να επιβιώσουν. Φανταστείτε να έχετε τη δυνατότητα να λάβετε χαμηλότερες αμειβόμενες εργασίες χωρίς να αισθάνεστε αμηχανία εάν σας αρέσει η εργασία και χωρίς να χρειάζεται να ανησυχείτε για το πώς θα τα βγάλετε πέρα οικονομικά. Φανταστείτε να μπορείτε να αφιερώσετε χρόνο μαζί με την οικογένειά σας αν αυτό είναι προτεραιότητά σας ή να εργαστείτε σε μερική απασχόληση αντί της πλήρους απασχόλησης. **Ο κατάλογος των θετικών αποτελεσμάτων που θα έχει επιπτώσεις σε κάθε πρόσωπο που λαμβάνει αυτό το μηνιαίο επίδομα, είναι μεγάλος Οι άνθρωποι** θα ξεκινήσουν νέες επιχειρήσεις, ή θα δημιουργήσουν νέες εφευρέσεις, ή θα δημιουργήσουν νέα έργα τέχνης. Για περισσότερες πληροφορίες σχετικά με τα πιθανά θετικά και αρνητικά αποτελέσματα για το μηνιαίο επίδομα διαβίωσης, διαβάστε το βιβλίο "Dot Money" στην ιστοσελίδα www.DotMoneyBook.com.

Καθ' όλη τη διάρκεια των θεμάτων και των προτάσεων που παρουσιάζονται από τα GCR και Dot Money υπάρχει ιδιαίτερη αναφορά στους ανθρώπους. Επειδή το GCR και Dot Money είναι ιδιωτικά ιδρύματα θα υπάρχουν στοιχειώδεις απαιτήσεις και προϋποθέσεις για τους ανθρώπους που θα λάβουν μηνιαίο επίδομα διαβίωσης. Η χρήση των χρημάτων για ειρηνικούς σκοπούς θα είναι μία τέτοια προϋπόθεση.

Το αν ή όχι οι επιχειρηματικές δραστηριότητες του GCR οδηγήσουν στην πληρωμή ενός μηνιαίου επιδόματος διαβίωσης για όλες του ειρηνικές χρήστες του Dot Money στον κόσμο,έχει καταστεί ένα αρχικό επιχειρηματικό πλάνο του **Dot Money ειδικά για να δημιουργήσουμε μια αγορά με το GCR που θα βοηθήσει να προστατεύονται οι χώρες, οι κυβερνήσεις και οι πολίτες τους από τις υποτιμήσεις των νομισμάτων τους.** Ο στόχος αυτός παρέχει κρίσιμη προστασία σε όλους τους πολιτισμένους ανθρώπους του κόσμου από τεχνητές και φυσικές καταστροφές, ή οικονομικές αποτυχίες, που είναι μεγάλης ανησυχίας για τους περισσότερους ανθρώπους στον κόσμο σήμερα. Αν υποστηρίζεται την παγκόσμια οικονομική σταθερότητα, τότε υποστηρίζεται και την χρήση Dot Money (**για πιο συγκεκριμένες πληροφορίες σχετικά με τις απειλές και την αξία των παγκόσμιων νομισμάτων και τις λύσεις του Dot Money, διαβάστε το βιβλίο "Dot Money" στη ιστοσελίδα www.DotMoneyBook.com**).

Τέλος, **το GCR θα πρέπει να μπορεί να ενεργεί ως ένας σημαντικός φορέας παροχής ρευστότητας για τις κυβερνήσεις και τα χρηματοπιστωτικά ιδρύματα, τα οποία θα βοηθήσουν να μειώθει η ανάγκη για τις κυβερνήσεις που χρηματοδοτούν τις επιχειρήσεις τους μέσω της συλλογής των φόρων εισοδήματος.** Είναι πολύ πιθανό ότι η χρήση του Dot Money και η επιτυχία του GCR μπορεί να εξαλείψει την ανάγκη των φόρων εισοδήματος εντελώς.

Το GCR και Dot Money δεν είναι ένα εργαλείο για την αναδιανομή του πλούτου. Η επιτυχία του Dot Money και των στόχων του GCR δεν απαιτεί κάτι από κανέναν. Οι πλούσιοι δεν ζητούν τίποτε άλλο εκτός από την προώθηση και χρήση του Dot Money, και όποιος είναι φτωχότερος θα έχει ένα δίχτυ ασφαλείας που θα τους επιτρέψει να επιβιώσει. Οι ιδιοκτήτες επιχειρήσεων θα έχουν μια σταθερή ροή των πελατών ανεξάρτητα από τις διαθέσιμες θέσεις εργασίας γιατί όλοι θα εξακολουθούν να έχουν το ελάχιστο επίδομα. Έτσι, ολόκληρη η παγκόσμια οικονομία θα είναι σταθερή ακόμα και κάτω από τις πιο δύσκολες συνθήκες.

Το **Dot Money** είναι σχεδιασμένα για να είναι σε θέση να επιβιώσει σε πιθανή αποτυχία των δικτύων υπολογιστών και ηλεκτρονικών συστημάτων. Η σχεδίαση του **Dot Money** θα επιτρέπει συναλλαγές σε **Dot Money**, ακόμη και στις πιο απομακρυσμένες περιοχές του κόσμου, όπου δεν υπάρχουν τους υπολογιστές και κατάλληλη τεχνολογία.

Το **Dot Money παρέχει ένα μέσο για τους απλούς ανθρώπους να διατηρήσουν την αξία των χρημάτων που εργάζονται τόσο σκληρά για να επιτύχουν.** Σήμερα οι άνθρωποι που ενθαρρύνονται να συναλλάσσονται, χρυσό και άλλα πολύτιμα μέταλλα, σε γη και άλλα προϊόντα, μετοχές, ομόλογα, ή άλλα επενδυτικά προϊόντα, προκειμένου να διασφαλίσουν ότι τα χρήματα τους δεν χάνουν αξία. Ωστόσο, αυτή τη στιγμή **δεν υπάρχουν συμβατικά επενδυτικά προϊόντα που μπορούν να αγοραστούν από τους απλούς ανθρώπους για να προστατευτούν από την υποτίμηση των νομισμάτων σε διεθνές επίπεδο ώστε να μην εκτίθεται ο αγοραστής στους κινδύνους κερδοσκοπίας.** Το **Dot Money προσφέρει κάτι που μπορεί να αγοραστεί σήμερα και διατηρεί την αξία σε σχέση με το CGR ανεξάρτητα από τις οικονομικές συνθήκες.**

Επιπλέον,το GCR παρέχει τη δυνατότητα για οποιονδήποτε ή οποιονδήποτε οργανισμό να γίνει ένας Πάροχος ρευστότητας" αγοράζοντας Dot Money σήμερα στις εκπτώσεις που καθορίζονται από το GCR (περισσότερες εκπτώσεις για μεγαλύτερη εκμετάλλευση όρους). **Φανταστείτε να έχετε τη δυνατότητα να αγοράσετε έναν τύπο νομίσματος ,ο οποίος δεν θα υποτιμηθεί εναντίον των μεγάλων παγκόσμιων νομισμάτων, και θα είναι με έκπτωση σήμερα σε ανταλλαγή απλά κρατώντας τα χρήματα σας για μια καθορισμένη χρονική περίοδο μέχρι αν τα δαπανήσετε. Η αγορά** διαθέσιμου Χρόνου(ή Χρόνου κωδικοποιημένου) Dot Money επίσης προστατεύει τον αγοραστή από τυχόν κινδύνους που συνδέονται με την κατάρρευση των χρηματοπιστωτικών ιδρυμάτων αφού

ούτε το **Dot Money ούτε ο** χρόνος Dot Money απαιτείται
να κατατεθεί σε οποιοδήποτε χρηματοπιστωτικό ίδρυμα
αλλά υπάρχει απλώς ως μια καταγραφή της αξίας
ανταλλαγής για την τιμή στο GCR στα παγκόσμια δίκτυα
υπολογιστών, που υποστηρίζονται **από το ανθρώπινο
δίκτυο του Dot Masters** και εξακολουθούν να
υφίστανται **ακόμη και εάν το διαδίκτυο όλων των
συνδεδεμένων ηλεκτρονικών συστημάτων στον
πλανήτη καταρρεύσει.** Για περισσότερες πληροφορίες
σχετικά με το ανθρώπινο δίκτυο του "Dot Masters"
διαβάστε το βιβλίο "Dot Money" στην ιστοσελίδα
www.DotMoneyBook.com.

Το Dot Money και το Παγκόσμιο αποθεματικό νόμισμα
(GCR) δεν έχουν ακόμη πουλήσει Dot Money ή
χρόνο Dot Money. Όλες οι μορφές του Dot Money θα
είναι διαθέσιμες μόνο για να αγοράσει κανείς
χρησιμοποιώντας το GCR μετά την ημερομηνία
κυκλοφορίας του Dot Money.Η πιθανής ημερομηνία
κυκλοφορίας του Dot Money μπορείτε να την βρείτε στην
ιστοσελίδα (www.DotMoney.Cash).

**Η ευκαιρία για να κάνετε κάτι, είναι τώρα στην
προσωπική σας ευχέρεια, για να βοηθήσετε στην
επίλυση των μεγάλων προβλημάτων του κόσμου και
την προώθηση της οικονομικής και
χρηματοπιστωτικής σταθερότητας για σας, τους
αγαπημένους σας και για τις μελλοντικές γενιές.
Βοηθήστε στην υποστήριξη των Παγκόσμιου
αποθεματικού νομίσματος (GCR) με δωρεά σήμερα
για το έργο του Dot Money στη ηλεκτρονική
διεύθυνση www.DotMoney.Cash, παίρνοντας ένα
αντιγράφου του βιβλίου, "Dot Money" του Eric
Majors στην ιστοσελίδα (www.DotMoneyBook.Com
ενθαρρύνοντας και άλλους να πράξουν το ίδιο.
Κάνοντας μια δωρεά, αγοράζετε το βιβλίο. Οι
πωλήσεις του βιβλίου αυτού θα συμβάλουν στην
υποστήριξη της εφαρμογής του Dot Money.**

**Εάν θέλετε να βοηθήσετε στο ξεκίνημα του Dot
Money μπορείτε να βοηθήσετε χρηματοδοτώντας το
Dot Money μέσα από την ιστοσελίδα**

www.DotMoney.χρήμα.

Το **Dot Money δεν είναι ένα μέσο για να
"αποκρύψετε χρήματα" ή χρηματοπιστωτικές
συναλλαγές από την επιβολή του νόμου, και, παρά
το γεγονός ότι η** αρχική εφαρμογή του Dot
Money χρησιμοποιεί την συναλλαγή με παρόμοιο τρόπο
με το BitCoin,το Dot Money διαχειρίζεται απο το
Παγκόσμιο αποθεματικό νόμισμα (GCR), το οποίο
λειτουργεί σε συνεργασία με τις κυβερνήσεις και σίφωνα
με τους νόμους. Το GCR βοηθά στην στήριξη και τη
διατήρηση της ακεραιότητας του Dot Money, καθώς και
των κυβερνήσεων και στηρίζει τις χώρες που είναι οι
αποδέκτες των Dot Money. **Το GCR θα συνεργαστεί με
τους φορείς επιβολής νόμου όποτε είναι δυνατό
ώστε να βοηθήσει να διασφαλιστεί ότι το Dot
Money δεν χρησιμοποιείται για να καταστρατηγηθεί
οποιαδήποτε νομοθεσία.** Οι διαχειριστές του Dot
Money, και τοθ GCR, συνεργάζονται στενά με τις
κυβερνήσεις, και υποστηρίζουν τις κυβερνήσεων,
προκειμένου να βοηθήσουν στην δημιουργία λύσεων που
βοηθούν στη βελτίωση του κόσμου και όχι προσθήκη
νέων προβλημάτων στον κόσμο.

Οι συνδρομητές του Βασικού ελάχιστο εισοδήματος (BMI)
πρέπει να συμφωνήσουν σε ειδικούς όρους που θα
ανακοινωθούν όταν έρθει η ώρα να εγγραφούν για το
βασικό μηνιαίο εισόδημα. **Ένας από τους όρους για να
λάβετε το μηνιαίο επίδομα διαβίωσης θα είναι οι
συνδρομητές να μην χρησιμοποιούν τους πόρους
για οποιαδήποτε παράνομη συναλλαγή ή με
τρόπους που προάγουν τη βία.** Δικαιούχοι του Βασικού
ελάχιστου εισοδήματος μπορεί να εξαιρεθούν από τις
πληρωμές εάν δεν συμμορφωθούν με τους όρους και τις
προϋποθέσει.

Το **Dot Money δεν είναι η πανάκεια που θα κάνει τον
καθένα πλούσιο**, ωστόσο, εκφράζεται η ελπίδα
ότι Dot Money θα εκπροσωπήσει την έναρξη μια

νέας εποχής όπου οι άνθρωποι θα είναι ελεύθεροι να ξεκλειδώσουν τις ατομικές τους δυνατότητες, όπου τα χρήματα θα λειτουργεί για τους ανθρώπους, όχι απλώς οι άνθρωποι να εργάζονται ως σκλάβοι για τα χρήματα, προκειμένου να τα βγάλουν πέρα.

Πιο συγκεκριμένα, από τεχνικής και εμπορικής άποψης, το **Dot Money και το GCR δεν είναι τίποτα από τα παρακάτω:**

1.Το Dot Money δεν είναι **μια τράπεζα**, δεν κατέχει λογαριασμούς για οποιαδήποτε άλλα άτομα εκτός από την ίδια την οργάνωση. Το Dot Money εκδίδει, πωλεί και αγοράζει Dot Money για δικό της λογαριασμό.

2.Το Dot Money δεν είναι ασφαλιστική **εταιρεία** αλλά έχει μια ισχυρή σταθεροποιητική επιρροή επί της αξίας των νομισμάτων σε διεθνές επίπεδο και παρέχει προστασία έναντι υποτίμησης των νομισμάτων σε διεθνές επίπεδο.

3.Το Dot Money δεν είναι **επενδυτικός σύμβουλος και δεν παρέχει επενδυτικές συμβουλές**.
4.Το Dot Money δεν είναι **ένα Ταμείο Επενδύσεων** αλλά λειτουργεί σε συνεργασία με διάφορα επενδυτικά ταμεία και τράπεζες.

5.Το Dot Money δεν είναι **μια κάρτα καταγραφής**.

6.Το Dot Money δεν είναι **μια δημόσια επιχείρηση αλλά** είναι μια ιδιωτική εταιρία.

7.Το Dot Money δεν είναι για την **χορήγηση δανείων και δεν ανταγωνίζεται τα δανειοδοτικά ιδρύματα**, αλλά βοηθά τις τράπεζες και τις επιχειρήσεις τους δανεισμού στα εγγενή τους νομίσματα.

8. ΤοDot Money δεν **προορίζεται για να αντικαταστήσει τα νομίσματα των εθνών**, αλλά το Dot Money βοηθά να αντέξει η αξία των παγκόσμιων νομισμάτων υπερασπιζόντας την δική του τιμή αγοράς σε

σταθερές συναλλαγματικές ισοτιμίες.

9.Τη Dot Money δεν είναι **ένας οικονομικός φορέα παροχής υπηρεσιών αλλά και μια ιδιωτική εταιρεία που** αγοράζει και πουλάει για δικό της λογαριασμό.

10.Το Dot Money δεν είναι **μια κυβερνητική οργάνωση που εκδίδει και ρυθμίζει νομίσματα, αλλά** μια εικονικό μικροεφαρμογή όπου οι άνθρωποι να μπορούν να πωλούν και αγοράζουν και αν συναλλάσσονται. Στον πυρήνα του Dot Money είναι ένα λεπτομερές ιστορικό σύστημα και μια βάση δεδομένων η οποία διευκολύνει το παγκόσμιο εμπόριο για τα αγαθά και τις υπηρεσίες, και παρέχει οικονομική ρευστότητα για τις κυβερνήσεις, τις τράπεζες και τα άτομα με μόνη απαίτηση να αγοράζονται σε αντάλλαγμα αρχεία ιδιοκτησίας σε συγκεκριμένες ελάχιστες τιμές συναλλάγματος.

Πότε θα βγει στην κυκλοφορία το Dot Money και πώς θα μπορώ να το αποκτήσω;

ΤαDot Money έχουν εξαπλωθεί σε αρκετές φάσεις με βάση το χρονοδιάγραμμα το οποίο μπορεί να αλλάξει για την καλύτερη διευκόλυνση της ανάπτυξης του συστήματος. **Η αρχική παρουσίαση του Dot Money θα παρουσιαστεί όταν το Παγκόσμιο αποθεματικό νόμισμα (GCR) προσφέρει Dot Money και Διαθέσιμο χρόνο Dot Money για πώληση. Η ημερομηνία παρουσίασης θα γίνει γνωστή στην ιστοσελίδα www.DotMoney.Cash** .Η τρέχουσες φάσεις του Dot Money και τα ενδεικτικά χρονοδιαγράμματα έχουν ως εξής:

Φάση 1: Ανάπτυξη & Pre-Registration πλήθος χρηματοδότησης.
Α. Ενσωμάτωση αρχικών εταίρων, επιχειρήσεων, τραπεζών, χρηματιστήριων και παρόχων ρευστότητας
Β. Το Λογισμικό έχει δημιουργηθεί και είναι ολοκληρωμένο.

Γ. Άτομα και οργανώσεις μπορούν να προ-εγγραφεουν
για χρήση του Dot Money.
D. Ιδιώτες και οργανισμούς μπορεί να βοηθήσουν
χρηματοδοτώντας το Dot Money.
Ε. Οργανισμοί για (Dot Masters) και συμμετέχουσες
τράπεζες και οι έμποροι θα ζητηθούν.
Στ. Το Παγκόσμιο αποθεματικό νόμισμα (GCR)
συνεργάζεται με τις κυβερνήσεις για να οριστικοποιήσει
την αρχική λίστα των χωρών των οποίων το νόμισμα θα
επιτρέπει τις συναλλαγές για Dot Money από τα GCR και
οι ειδικές τιμές συναλλάγματος για κάθε νόμισμα είναι
επιλέξιμες. Αυτός ο κατάλογος των GCR που δεν θα
περιορίζει την χρήση του Dot Money θα επεκταθεί μέχρι
και άλλες χώρες να συμφωνήσουν για συναλλαγέςDot
Money μέσα στα σύνορά τους.

Φάση 2: Κυκλοφορία.
Α. Το Dot Money θα είναι διαθέσιμο για να
χρησιμοποιηθεί από τους συνδρομητές του συστήματος.
Β. Οι ανταμοιβές για όσους βοήθησαν το σχέδιο Dot
Money θα ανακοινωθούν.
Γ.Τα Dot Money μπορούν να χρησιμοποιηθούν για την
αγορά αγαθών και υπηρεσιών από τους προμηθευτές που
συμμετέχουν και μπορούν επίσης να αγοραστούν από
οποιαδήποτε κερδοσκόπους, έμπορους ή οι διαχειριστές
κεφαλαίων που θέλουν να χρησιμοποιούν το Dot
Money για την διασφάλιση των κεφαλαίων τους.
D.Το Dot Money μπορούν να μετατραπούν σε άλλα GCR
εντός των ποσοστών που καθορίζονται από το GCR
αγοράζοντας και πουλώντας Dot Money.
Ε.Το Dot Money θα εργαστεί με τράπεζες και κυβερνήσεις
για την εγκατάσταση επαλήθευσης ταυτότητας των
συστημάτων σε τοποθεσίες σε όλο τον κόσμο που θα
επιτρέψουν στους ανθρώπους να εγγραφούν για να
λαμβάνουν το μηνιαίο εισόδημα (BMI).

Φάση 3: Κυβερνητική βοήθεια.
Α. Οι διαχειριστές του Dot Money θα αρχίσουν να
πληρώνουν τους φόρους επί των πωλήσεων στις
αντίστοιχες κυβερνήσεις τους για τυχόν συναλλαγές που
διεξάγονται μέσω Dot Money.
Β. Τα άτομα και οι χρήστες του Dot Money από όλο τον

κόσμο θα είναι σε θέση να εγγραφούν στο Dot Money , προκειμένου να λάβουν ένα ελάχιστο μηνιαίο εισόδημα, όπου θα καταβάλετε επίσης κάθε φόρος εισοδήματος που σχετίζεται με αυτές τις πληρωμές προς τις αντίστοιχες κυβερνήσεις (εάν είναι απαραίτητο).

Φάση 4:Ατομικό βασικό εισόδημα (BMI) δοκιμές αρτιότητας.
Α. Όταν αρκετά άτομα έχουν υπογράψει για την ελάχιστη μηνιαία καταβολή τότε οι διαχειριστές θα αρχίσουν να πληρώνουν ανθρώπους κάθε μήνα με Dot Money.Αυτό μπορεί να σας βοηθήσει να διασφαλίσετε ότι κανείς δεν χρειάζεται να πέσει κάτω από το ελάχιστο επίπεδο διαβίωσης.
Β. Οι πληρωμές θα ξεκινήσουν σε χαμηλά επίπεδα, προκειμένου με έλεγχο να βεβαιωθεί ότι η ακεραιότητα του συστήματος.
Γ. Οι φόροι εισοδήματος που συνδέονται με τις εν λόγω μηνιαίες BMI πληρωμές θα καταβάλλονται από τοDot Money σε αντίστοιχες κυβερνήσεις της Dot Money(αν απαιτείται).

Φάση 5:Το ατομικό εισόδημα αυξάνεται και προσαρμόζεται.
Α. Βασίζεται στην ακεραιότητα του συστήματος από την φάση 4,η ελάχιστη μηνιαία καταβολή ποσών θα αυξάνεται κάθε μήνα ανάλογα μέχρι ένα επίπεδο διαβίωσης.
Β. Ο στόχος του Dot Money είναι να παράσχει σε κάθε πρόσωπο στον κόσμο μια ελάχιστη μηνιαία καταβολή καθαρή (μετά από φόρους) τουλάχιστον $1.600 αμερικανικά δολάρια βασιζόμενοι σε αποτίμηση της αξίας της αγοραστικής δύναμης του δολαρίου την 1η Δεκεμβρίου 2014, με όλους τους συναφείς φόρους εισοδήματος.

Φάση 6:Επέκταση των πλεονεκτημάτων και δημιουργία ελέγχων Dot Money.
Α. Άμεσες πληρωμές από το Dot Money σε παρόχους υπηρεσιών (ασφαλιστικές εταιρείες) ή οι κυβερνήσεις θα πρέπει να επεκταθούν προκειμένου να παρέχεται βασική ιατρική περίθαλψη για όλους τους ανθρώπους.

B. Εφαρμογή των μεθοδολογιών που θα προβλέπει την επέκταση του Dot Money προσφοράς χρήματος , με βάση τον πληθυσμό του κόσμου, θα εφαρμοστεί (δηλαδή τακτικές για ασφαλιστήρια ζωής ή μηνιαίες κρατήσεις από προμήθεια με βάση τον πληθυσμό των συνδρομητών).

Για πιο λεπτομερείς πληροφορίες σχετικά με Dot Money παρακαλούμε ανατρέξτε στο βιβλίο του, "Dot Money" από τον Eric Major (www.DotMoneyBook.com).

Ποια είναι τα κλειδιά της επιτυχίας του Dot Money;

1. *Βοήθεια στο πρόγραμμα των κυβερνήσεων.* Διότι το Dot Money βοηθά τις κυβερνήσεις να παρέχουν υπηρεσίες παρόμοιες με κοινωνικές υπηρεσίες οποίε είναι μερικές από τις μεγαλύτερες δαπάνες της κυβέρνησης. Το Παγκόσμιο αποθεματικό νόμισμα (GCR) χρησιμοποιεί το Dot Money για να βοηθήσει κυβερνήσεις με την παροχή ρευστότητας για τα νομίσματά τους. Αυτό επιτρέπει στις κυβερνήσεις να μειώσουν το δημόσιο χρέος και να διατηρούν την αξία των εγχώριων νομισμάτων τους.

2. *Βοηθητικό Πρόγραμμα για τη χρηματοπιστωτική κοινότητα.* Σήμερα οι τιμές των μεγάλων παγκόσμιων νομισμάτων βρίσκονται υπό την απειλή της τυχαίας, απρόβλεπτη και ουσιαστικής υποτίμησης, που μπορεί να συμβεί για διάφορους λόγους συμπεριλαμβανομένου του οικονομικού, ανθρωπογενείς ή φυσικές καταστροφές. Το Παγκόσμιο αποθεματικό νόμισμα (GCR) ρυθμίζει τα όρια στα οποία τα Dot Money θα ανταλλάσσονται για το GCR.Έτσι, το Dot Money βοηθά να σταθεροποιηθεί η τιμή όλων των μεγάλων παγκόσμιων νομισμάτων και προστατεύει χώρες και τους ψηφοφόρους από οικονομική και νομισματική κατάρρευση, οι οποίοι σήμερα είναι απροστάτευτοι .Το Dot Money παρέχει ένα βοηθητικό πρόγραμμα κάλυψης για ιδιώτες, θεσμικούς φορείς, και διαχειριστές των ταμείων καθώς και για τις κυβερνήσεις, οι οποίες μπορούν να βοηθήσουν στην προστασία της αξίας των δικών τους επενδύσεων καθώς και τη συνολική

οικονομία.

3. Μειώση των φόρους για τις επιχειρήσεις. Ενας από τους στόχους του Dot Money να πληρώσει τους φόρους επί των πωλήσεων ή/και ΦΠΑ από τις επιχειρήσεις που δέχονται Dot Money. Αυτό μειώσει αισθητά το κόστος για όλες τις επιχειρήσεις και θα αυξήσει τα κέρδη.

4. Δεν υπάρχει κίνδυνος οικονομικών συναλλαγών για τους πωλητές και τους εμπόρους. Το GCR επιτρέπει στις επιχειρήσεις να δέχονται πληρωμές σε Dot Money όταν οι συναλλαγές έχουν ολοκληρωθεί μόνο μετά είτε από την άμεση ανταλλαγή των Dot Money, ή από την πληρωμή προμηθευτών στα εγχώρια νομίσματα τους χρησιμοποιώντας το Dot Money ως πύλη πληρωμής. Μπορούν επίσης να επιλέξουν να δεχτούν άμεσα τις πληρωμές σε οποιοδήποτε συνδυασμό Dot Money και εγχώριων νομισμάτων χρησιμοποιώντας το Dot Money πύλη πληρωμής. Θα υπάρχουν μεγάλα κίνητρα για να ενθαρρύνουν τους προμηθευτές να δεχθούν και πληρωμές με τη μορφή Dot Money.

5. Χαμηλότερες δαπάνες για ανθρώπινους πόρους. Όταν το Dot Money αρχίζει να πληρώνει ελάχιστο μηνιαίο ποσό διαβίωσης για τους συνδρομητές του τα έξοδα για τους ανθρώπινους πόρους θα εξαλείψουν

6. Τα κέρδη για τις τράπεζες. Οι Τράπεζες θα αποκομίσουν κέρδη από το Dot Money χωρίς τους κινδύνους που συνδέονται με τα άλλα εικονικά νομίσματα. Οι τράπεζες θα μπορούν να κάνουν σημαντικά κέρδη απλώς αφήνοντάς το Παγκόσμιο αποθεματικό νόμισμα (GCR) να ανοίξει ένα λογαριασμό για χρήση στα άτομα που θέλουν να καταθέσουν χρήματα για να αγοράσουν Dot Money από το GCR. Δεν υπάρχει καμία ανάγκη για τις τράπεζες να παρέχουν ριψοκίνδυνες υπηρεσίες αφού το Dot Money ασχολείται τόσο με ασφαλίσεις μόνο σε νομίσματα και άμεσες μεταφορές χρημάτων. Το GCR διατηρεί σχεδόν όλα του τα χρήματα που εισπράττει από τους τραπεζικούς λογαριασμούς σε εγγενή νόμισματα της τράπεζας. Το GCR μόνο κάνει τις αγορές του σε Dot Money χρησιμοποιώντας μία γραμμή πιστώσεων που παρέχεται από την τράπεζα και να ασφαλίζεται από τα χρήματα της κατάθεσης στην τράπεζα. Τα GCR χρησιμοποίει πιστωτικές γραμμές αντί για άμεσες πληρωμές σε μετρητά, προκειμένου να διατηρούνται ως πιο πολλά κεφάλαια και να αμβλύνουν οι κίνδυνοι σε συγκεκριμένα νομίσματα.

Είναι λιγότερο δαπανηρό για το GCR να πληρώσει τους τόκους για αγορές Dot Money ενώ ένα συγκεκριμένο νόμισμα είναι στο παιχνίδι αντί να πληρώσει για τις αγορές της Dot Money άμεσα. Λόγω του τρόπου με τον οποίο το GCR χρησιμοποιεί τραπεζικούς λογαριασμούς και πιστωτικές γραμμές εξασφαλίζει από τα χρήματα των καταθέσεων, αποτελεσματικά και πληρώνει στην τράπεζα τόκους για τα χρήματα που ξοδεύει έξω από τη λογιστική θέση. Επιπλέον, επειδή τα GCR και Dot Money λειτουργούν με κυβερνήσεις και σύμφωνα με τους νόμους για να βοηθήσει να μειωθούν οι παρανομίες, τράπεζες δεν χρειάζεται να ανησυχούν για τους κινδύνους και τις επιβαρύνσεις που μπορούν να προκύψουν ως αποτέλεσμα των πωλήσεων και αγορών του Dot Money. Τα GCR και Dot Money είναι επίσης και ισχυροί εταίροι για τις τράπεζες δεδομένου ότι μπορούν να παρέχουν στις τράπεζες με πρόσθετη ρευστότητα που είναι νομικά και βιώσιμα να το πράξει.

7. ΜΙΑ νέα ροή κερδών για νομισματικές συναλλαγές. Οι χρηματιστές, των βασικών προϊόντων και ανταλλαγές συναλλάγματος θα έχουν ένα νέο και μοναδικό προϊόν με το οποίο θα λειτουργούν. Καταχωρημένο σωστά, μαζί με το υφιστάμενο νόμισμα συναλλαγών το Dot Money συναλλάγματος θα είναι σε θέση να πραγματοποιήσει σημαντικά κέρδη από τη διαφορά των επιτοκίων στην οποία τα Dot Money θα αγοράζονται και θα πωλούνται με εκπτώσεις που προσφέρονται στα κράτη από ανταλλαγές από το Παγκόσμιο αποθεματικό νόμισμα (GCR).

8. Οι ιδιώτες και η ανθρώπινη βούληση.
Προκειμένου για το Dot Money να είναι επιτυχημένο (όπως το BitCoin και τα κοινοτικά νομίσματα, όπως το

Brixton Pound, οι) επιμέρους χρήστες πρέπει να πάρουν θέση και να αποφασίσουν να χρησιμοποιούν και να συναλλάσσονται με Dot Money όσο το δυνατόν περισσότερο και να κρατάνε τον καθαρό πλούτο με τη μορφή Dot Money όσο το δυνατό περισσότερο, ώστε να αποφευχθεί η μετατροπή σε άλλα νομίσματα στο μέτρο του δυνατού. Το Dot Money δεν είναι εχθρός κάθε άλλου νομίσματος αλλά η εξέλιξη της χρήσης του χρήματος ως ένα εργαλείο, για να αποκαλύψει το πραγματικό δυναμικό του ατόμου και όχι κάνοντας τους ανθρώπους σκλάβους των χρημάτων.

Το μόνο πράγμα που δημιουργεί την αξία στα χρήματα σήμερα είναι η θέληση του λαού. Το Dot Money δεν είναι απλώς ένα μέσο για να προστατεύσει αποτελεσματικά τον πλούτο και εκτελούνται επιχειρηματικές συναλλαγές σε όλο τον κόσμο, αλλά είναι ένα μέσο για να δώσει τέλος στη φτώχεια και την επίλυση των πιεστικών προβλημάτων από τις κυβερνήσεις, επιχειρήσεις και ιδιώτες σε όλο τον κόσμο σήμερα.

Ο στόχος του Dot Money είναι να χρηματοδοτήσει ένα ελάχιστο επίπεδο διαβίωσης για όλους στον κόσμο χωρίς να παίρνει τίποτα από κανέναν ,να μειώσει την φτώχειας, να δημιουργήσει παγκόσμια οικονομική σταθερότητα, να τόνωση την οικονομική ανάπτυξη, να αύξηση την ποιότητας των αγαθών και υπηρεσιών, και να μειώσει το βάρος των φόρων εισοδήματος φυσικών προσώπων.

Εάν στηρίζεται τους παραπάνω στόχους του Dot Money, τότε κάντε κάτι για αυτό. Βοηθήστε το Παγκόσμιο αποθεματικό νόμισμα (GCR) να ξεκινήσει το Dot Money όσο το δυνατόν συντομότερα. εγγραφείτε και στη συνέχεια, χρησιμοποιήστε και υποστηρίξτε το Dot Money. Αγοράστε το βιβλίο και τις συναφές εκδόσεις στην ιστοσελίδα www.DotMoneyBook.Com και **www.DotMoney.Cash**. Πάρτε θέση για τον εαυτό σας και τον υπόλοιπο κόσμο. βοηθείστε να ξεκλειδώσουμε τις προσωπικές σας δυνατότητες και να ασφαλίσετε την υγεία, ευτυχία και ευημερία των μελλοντικών γενεών των ανθρώπων στον κόσμο χωρίς να λάβετε τίποτα από κανέναν.

9. Το πρόβλημα λύθηκε. Για αιώνες οι άνθρωποι έχουν παλέψει με τα οικονομικά δεινά που βιώνουν, συμπεριλαμβανομένων και των πλούσιων ανθρώπων οι οποίοι χάνουν τον πλούτο τους για οποιοδήποτε λόγο. Τα προγράμματα κοινωνικής ευημερίας που βασίζονται στη φορολογία και την αναδιανομή του πλούτου δεν είναι μόνο δημοφιλή από εκείνους που έχουν να πληρώσουν, αλλά είναι ανεπαρκή λόγω της περιορισμένης προσφοράς χρήματος στο σημερινό μας παγκόσμια χρέος που στηρίζεται από το νομισματικό σύστημα.

Έτσι, τα προγράμματα πρόνοιας που πληρώνονται από την πλούσια και μεσαία τάξη είναι ασταθή εξαιτίας της υπάρχουσας οφειλής που βασίζεται στα νομισματικά συστήματα τροφοδοσίας. Η χρήση του χρέους με βάση τα νομισματικά συστήματα τροφοδοσίας που χρησιμοποιούνται σήμερα από τις κυβερνήσεις σε όλο τον κόσμο απειλεί τώρα την πτώχευση των εν λόγω ίδιων κυβερνήσεων. Το Dot Money δεν επιδιώκει να εξαλείψει οποιοδήποτε από τα παγκόσμια νομίσματα ή την κυριαρχία της οποιασδήποτε από τις ενδιαφερόμενες χώρες. Μάλλον το Dot Money στοχεύει στο να βοηθήσει κυβερνήσεις να διατηρήσουν, και σε ορισμένες περιπτώσεις να αποκαταστήσουν, την αξία των δικών τους νομισμάτων και την συνάφεια των δικών τους κυβερνήσεων.

Καμία από τις σημερινές μορφές της κυβέρνησης στον κόσμο, από την οποία εξαρτόμαστε, δεν ήταν ποτέ σε θέση να αντιμετωπίσει ικανοποιητικά το πρόβλημα της στέρησης των δικαιωμάτων χρήσης ιδιοκτησίας που δημιουργείται για όσους βρεθούν στη φτώχεια, είτε μέσα από τη γέννησή τους ή από την εξαθλίωση για οποιονδήποτε λόγο. Κάθε άτομο, πλούσιοι και φτωχοί πρέπει, συνεπώς, να αποζημιώνονται για τη χρήση της περιουσίας, η οποία διαφορετικά θα μπορούσε να χρησιμοποιηθεί για να επιβιώσει (από τη γη) εάν δεν ήταν για την ύπαρξη των κυβερνήσεων, των οποίων η κύρια λειτουργία τους είναι να ρυθμίζουν και να προστατεύουν την χρήση και κατοχή του ακινήτου. Το Dot Money θα παράσχει αυτή την αποζημίωση για κάθε λαό στον κόσμο των οποίων οι κυβερνήσεις επιτρέπουν τη χρήση του Dot Money εντός της δικαιοδοσίας τους.

Για περισσότερες πληροφορίες σχετικά με αυτές και άλλες έννοιες και για ποιο λόγο το Dot Money θα πρέπει να λειτουργεί, παρακαλούμε να αγοράσετε το βιβλίο, "Dot Money"του Eric Major στο www.DotMoneyBook.com και να χρηματοδοτήσετε το ξεκίνημα τουDot Money μπαίνοντας στην ιστοσελίδα www.DotMoney.Cash.

Ποιος είναι ο ρόλος του Eric Major στο Dot Money;

Το Dot Money και εφαρμογή αυτή ήταν εμπνευσμένη και βασίζεται στην συγκεκριμένη ιδέα του "Dot Money",όπως παρουσιάζεται στο βιβλίο του "Dot Money",του Eric Major.Ο Eric Major είναι ο σύμβουλος για τη διαχείριση του Παγκόσμιου αποθεματικού νομίσματος (GCR) και των Dot Money επιχειρήσεων.

Ποιοι άλλοι ιδιώτες, επιχειρήσεις, κυβερνήσεις και οργανώσεις συνεργάζονται με το Dot Money αυτή τη στιγμή;

Dot Money είναι μια μεγάλης κλίμακας παγκόσμιο επιχειρηματικό σχέδιο και σε πολλές περιπτώσεις η επιτυχή δημιουργία του και η εφαρμογή του εξαρτάται από την εμπιστοσύνη μεταξύ των εταίρων. Επειδή υπάρχουν μια σειρά από μόνιμους συνεργάτες και προσωρινοί εταίροι, και το Dot Money δέχεται μόνο προέγραφες αυτή τη στιγμή και δεν είναι ακόμη στην φάση κυκλοφορίας οι διαχειριστές των Dot Money δεν ανακοινώνουν τις βασικές εταιρικές σχέσεις οι οποίες πρέπει να γνωστοποιηθούν από τους ίδιους τους εταίρους μας αν και όποτε θέλουν, να αποκαλύψουν τις σχέσεις τους με το με Dot Money. Σε άλλες περιπτώσεις Dot Money θα ανακοινώσει συνεργασίες όταν η διαχείριση κρίνει ότι τέτοιες ανακοινώσεις θα έχουν μια συνολική θετική επίδραση.

Τα GCR και Dot Money καταβάλλουν κάθε δυνατή προσπάθεια για να συντονίσουν τις προσπάθειές τους με την κυβέρνηση και τους διαχειριστές των νόμων που είναι υπεύθυνοι για τα νομίσματα που είναι επιλέξιμα για ανταλλαγή με Dot Money. Ένα συγκεκριμένος κατάλογος των νομισμάτων που είναι επιλέξιμος για συναλλαγές με το Dot Money από το Παγκόσμιο αποθεματικό νόμισμα (GCR) μπορεί να βρεθεί στην ιστοσελίδα του GCR (**www.GlobalCurrencyReserve.com**). Το GCR μπορεί να χρησιμοποιηθεί για να αγοράσετε Dot Money, οποίες Dot Money μπορούν να μετατραπούν σε νομίσματα των κυβερνήσεων που συμμετέχουν και συνεργάζονται με το Παγκόσμιο αποθεματικό νόμισμα (GCR) και το πρόγραμμα Dot Money.Το Dot Money μπορεί επίσης να είναι επιλέξιμο για χρήση με νομίσματα από κυβερνήσεις που δεν αντιτίθενται με το Dot Money και δεν δημιουργούν οποιοδήποτε ρυθμιστικό εμπόδιο που καθιστά τη λειτουργία του Dot Money στο εσωτερικό της χώρας τους πολύ δύσκολη. **Είναι σημαντικό να κατανοήσετε ότι η ενσωμάτωση στον κατάλογο των επιλέξιμων GCR νομίσματων δεν αποτελούν αναγκαστικά μια θεώρηση του Dot Money ή του GCR από οποιαδήποτε κυβέρνηση και δεν αποτελούν αναγκαστικά μια συνεργατική σχέση εργασίας ή οποιαδήποτε σχέση μεταξύ του GCR και των αντίστοιχων κυβερνήσεων τους.**

Που είναι η έδρα του Dot Money;

Το Dot Money είναι μια παγκόσμια οργάνωση και είναι σε μεγάλο βαθμό εξαρτημένη από την τεχνολογία του διαδικτύου. Επιθυμεί να λειτουργεί με μια παγκοσμίως σύνδεση των γραφείων της αυτή τη στιγμή. Οι θέσεις αυτών των γραφείων και κάθε απαιτούμενη υποστήριξη των πελατών θα ανακοινωθεί πριν την κυκλοφορία του Dot Money. Σήμερα όλοι οι συμμετέχοντες και οι συνεργάτες του Dot Money έχουν τα δικά τους γραφεία σε διάφορα μέρη του κόσμου και, σε ορισμένες περιπτώσεις, το (GCR) μοιράζεται ορισμένα από αυτά τα γραφεία με το Dot Money.

Οι διαχειριστές του Dot Money διαμένουν σε διαφορετικές χώρες και όλες οι δραστηριότητες της διαχείρισης των Dot Money πραγματοποιούνται και διευκολύνονται χρησιμοποιώντας το internet.Το Dot Money υπάρχει σήμερα ως μια Διεθνή Επιχειρηματική οργάνωση που σχηματίζεται στην δικαιοδοσία του Belize και των συνδεδεμένων οργανισμών του Dot Money μέχρι να ενσωματωθεί με άλλες αντίστοιχες χώρες που θα χρησιμοποιήσουν το Dot Money. Το κεντρικά γραφεία όπου το Dot Money λαμβάνει φυσική παρουσία μπορούν να βρεθούν στην ιστοσελίδα www.DotMoney.Cash.

Πώς μπορούμε να βοηθήσουμε το ξεκίνημα του Dot Money;

Το Dot Money είναι στην αρχική φάση ανάπτυξης και αυτό είναι μια μοναδική στιγμή για τους ενδιαφερόμενους υποστηρικτές για να ασχοληθούν με αυτό το έργο. Ευκαιρίες για να βοηθήσει κανείς στην χρηματοδότηση του έργου μπορούν να βρεθούν στην ιστοσελίδα www.DotMoney.Cash. Ενώ τα Dot Money διαθέτουν ήδη κάποιους ουσιαστικούς, βασικούς εταίρους, οι διαχειριστές και Dot Masters είναι πάντα έτοιμοι να αποδεχθούν κάθε προσφερόμενη βοήθεια, υποστήριξη και συνεργασία από όποιον πιστεύει ότι έχει κάτι να συνεισφέρει. Λόγω του υψηλού αριθμού των ερωτημάτων που έχουμε λάβει, μπορούμε απλά να ζητήσουμε την υπομονή σας και την επιείκειά σας που αφού δεν είμαστε ακόμα σε θέση να ανταποκριθούμε άμεσα σε όλους.

Αλλά αν υποστηρίζεται τους στόχους του Dot Money και θέλετε πραγματικά να βοηθήσετε τότε συνιστούμε τα παρακάτω βήματα.

1.Συμμετοχή στην Χρηματοδότηση.

Σας ενθαρρύνουμε έντονα να συμμετέχετε στο πρόγραμμα χρηματοδότησης. Κάνοντας μια δωρεά(αφορολόγητη) μπορείτε να υποστηρίξετε την έναρξη του Dot money και των στόχων του και να βοηθήσετε να κρατηθεί το πρόγραμμα υπό τον έλεγχο των απλών ανθρώπων από όλο τον κόσμο. Σας βεβαιώνουμε βεβαίωσε ότι πάντα θα ψάχνουμε τους τρόπους να ανταμειφθούν οι άνθρωποι που κάνουν τις δωρεές όποτε οι ευκαιρίες προκύπτουν.

2.Αγοράστε προϊόντα Dot Money.Η Dot Money διατηρεί ένα ηλεκτρονικό κατάστημα όπου πωλείται το βιβλίο,συναφείς δημοσιεύσεις καθώς επίσης και τις μπλούζες και άλλα αντικείμενα. Η αγορά οποιωνδήποτε από αυτά μας βοηθά στο έργο μας.

3. Πάρτε μέρος στις δημοσκοπήσεις για το Dot Money. Κατά καιρούς η Dot Money σημείων διεξάγει δημοσκοπήσεις και ζητά από τους ανθρώπους να εκφράσουν τις ιδέες τους είτε ενάντια σε ορισμένες ιδέες μας είτε όχι. Αυτές οι δημοσκοπήσεις χρησιμοποιούνται προκειμένου να βοηθήσουν να αναπτυχθεί το πρόγραμμα μας και να παρέχουν στους πολιτικούς από τις διάφορες χώρες πληροφορίες για την αναλογία των ανθρώπων που υποστηρίζουν το Dot Money. Αυτές οι δημοσκοπήσεις μπορεί να επιδρούν πολύ θετικά. Ακριβώς όπως οι άνθρωποι πληρώνουν για να κάνουν δημοσκοπήσεις για τους αγαπημένους καλλιτέχνες τους, πιστεύουμε ότι αυτές είναι εξίσου σημαντικές για τους ανθρώπους όπου μπορούν να εκφράσουν την γνώμη τους για τη σημαντική παγκόσμια ανερχόμενη προοπτική του Dot Money. Επιπλέον, η χρέωση με κάποια μικρή αμοιβή για να υποβάλει κανείς με τις απόψεις τους βοηθά επίσης να εξασφαλιστεί ότι παίρνουμε τις πραγματικές γνώμες και όχι από υπολογιστή.

4. Εθελοντής.Τα Dot Money έχουν μια τεράστια αποστολή που περιλαμβάνει το τελος της φτώχειας. Η αποστολή αυτή περιλαμβάνει την εργασία για όλες τις χώρες του κόσμου. Χαιρετίζουμε τη βοήθεια από κάθε έναν που πιστεύει σε αυτό που κάνουμε. Εάν θα επιθυμούσατε να προσφερθείτε εθελοντικά να εργαστείτε για το Dot Money παρακαλώ πηγαίνετε στον ιστοχώρο του GlobalCurrency Reserve.com και βρείτε τις εφαρμογές συνεργασίας ή για να βρείτε εργασίες επι πληρωμή όταν προσφέρονται.

5. Νέα και δραστηριότητες. Παρακαλώ δώστε προσοχή στα νέα και στις δραστηριότητες που διοργανώνονται σε σχέση με το dot Money και μείνετε ενημερωμένοι.

.6. Κάντε αισθητή την παρουσία μας. Εγγραφείτε στην ιστοσελίδα www.DotMoney.Cash. Εάν μπορείτε να αντέξετε οικονομικά αγοράστε ένα μπλουζάκι και φορέστε το δημόσια, πείτε στους φίλους σας να βοηθήσουν για να μας υποστηρίξετε. Κατά καιρούς τρέχουμε τις εκστρατείες ευαισθητοποίησης για να βοηθήσουμε να ενημερώσουμε τον κάθε ένα από τους πολιτικούς, τους τραπεζίτες, τις επιχειρήσεις και τους απλούς ανθρώπους. Παρακαλώ καντε την εγγραφή σας και καλέστε τους αντιπροσώπους σας στην κυβέρνηση για να τους ενθαρρύνετε να υποστηρίζει το Dot Money και το GCR. Μπορούμε να οργανώσουμε μερικές δραστηριότητες και να σας ζητήσουμε να παρευρεθείτε προκειμένου να έχουμε τη υποστήριξή σας. Παρακαλώ βοηθήστε να μας υποστηρίξετε με κάθε τρόπο που εσείς μπορεί. Και παρακαλώ ενημερώνετε και άλλους ανθρώπους. Ζητήστε και στείλετε τα ηλεκτρονικά μηνύματα στους ιδιοκτήτες επιχειρήσεων που ενθαρρύνονται για να δεχτούν το dot Money

7. Αγοράστε και χρησιμοποιήστε Dot Money.
Προφανώς, χρησιμοποιήστε τα όταν προωθηθούν το Dot money και διατεθούν για την αγορά.

Πώς μπορώ αν συνεργαστώ με το Dot Money ή να εργαστώ για το GCR;

Εάν αντιπροσωπεύετε μια κυβέρνηση, την τράπεζα, την ανταλλαγή νομίσματος ή μια επιχείρηση που θέλει να δεχτεί και να πραγματοποιήσει συναλλαγές με Dot Money ή είστε πρόσωπο που θέλει να υποβάλει αίτηση για μια εργασία πρέπει να πάτε στον ιστοχώρο του Global CurrencyReserve.com και να πατήσετε την ετικέτα συνεργασίας και να βρείτε την σωστή φόρμα επικοινωνίας για να επικοινωνήσετε με μας. Οι ακόλουθες ετικέττες ε εμφανίζονται στον ιστοχώρο μας για τους ακόλουθους ανθρώπους και τις οργανώσεις:

Κυβερνήσεις και μεγάλα οικονομικά όργανα που είναι σε θέση αν συναλλάσουν $1 δισεκατομμύριο αμερικανικά δολάρια το χρόνο μπορούν πα να έχουν άμεση συνεργασία με το GCRW και να διαπραγματευτούν τις τιμές των συναλλαγών απευθείας με το GCR.

Οι επιχειρήσεις που ανταλλάσσουν νομίσματα μπορούν γίνουν άμεσοι έμποροι του dot Moneyκαι να αγοράσουν και να πωλήσουν τα στα πρωταρχικά ποσοστά άμεσα με το GCR πηγαίνοντας στην επιλογή έμπορι και συναλλαγές.

Υδιστάμενες επιχειρήσεις που έχουν αρκετή υποδομή και οικονομικά μέσα να υποστηριξουν και κάποια νέα επιχείρηση μπορούν να γίνουν αντιπροσωπεοι του GCR και να αντιπροσωπεύσογη άμεσα αυτό αποκλειστικά στα συγκεκριμένα εδάφη σε όλο τον κόσμο και να μοιραστού άμεσα τα κέρδη,αρκέι αν κάνουν αίτηση στη φόρμα GCR Agency.

Για τις επιχειρήσεις που θα επιθυμούσαν να δεχτούν το Dot Money ή να παρέχουν άλλες εμπορικές υπηρεσίες σε σχέση με το Dot Money πατούν την επιλογή Merchants Tab.

Οι ιδιώτες που μπορεί να ενδιαφερθούν για να υποβάλουν αίτηση για μια εργασία στο Dot Money υπάρχει η επιλογή Individuals Tab.

Για τα ειδησεογραφικά μέσα που θα επιθυμούσαν να έχουν τους αντιπροσώπους Τύπου για το dot Money πατήστε την επιλογή MEDIA Inquries.
Για τους ρυθμιστές και τους νομικούς που θα επιθυμούσαν να καθιερώσουν μια σχέση με το Dot ή να κερδίσουν τη βοήθεια για μια έρευνα σχετικά με ένα οικονομικό ζήτημα υπάρχει η επιλογή Regulators and Law Enforcement Tab. Για άλλη πιθανή συνεργασία υπάρχουν αντίστοιχες επιλογές.
Ένας άλλος πολύ καλός τρόπος να καθιερωθεί μια σχέση με το Dot Money είναι να παρακολουθείτε τις δραστηριότητες που διοργανώνονται από το GCR και να δώσετε την προσοχή σας στα νέα on-line.

Επεξήγηση των όρων συναλλαγής του GCR DotMoney

Όταν επισκεφτείτε τον ιστοχώρο «GCR» στο www.GlobalCurrencyReserve.com θα δείτε έναν κατάλογο συναλλαγματικών ισοτιμιών μεταξύ του dot Money και των υπολοίπων νομισμάτων στον κόσμο.
 Η πρώτη στήλη παρουσιάζει έναν κατάλογο νομισμάτων. Η δεύτερη στήλη παρουσιάζει τον ΤΥΠΟ σε σχέση με τη θέση εμπορικών συναλλαγών με το GCR. Ο ΤΥΠΟΣ «αρχικός» δείχνει τα νομίσματα που το GRC ανταλλάσσει με το Dot Money. Τα νομίσματα που ονομάζονται εν αναμονή είναι εκκρεμή για τις εμπορικές συναλλαγές από το GCR.
 Η επόμενη στήλη είναι το ΠΟΣΟΣΤΟ ΒΑΣΕΩΝ. Το ΠΟΣΟΣΤΟ ΒΑΣΕΩΝ είναι η μεσαία τιμή της ανταλλαγής μεταξύ του Dot και όλων των άλλων νομισμάτων του κόσμου. Παραδείγματος χάριν 1 Dot μπορεί να αγοράσει 1 ΑΜΕΡΙΚΑΝΙΚΟ δολάριο, 1 Dot μπορεί να αγοράσει 1.23 αυστραλιανά δολάρια, 1 Dot μπορεί να αγοράσει 0.64 βρετανικές λίρες και ούτω καθεξής.
Η επόμενη στήλη ή BID RETAIL είναι η συναλλαγματική ισοτιμία στην οποία το GCR θα αγοράσει πίσω dot Money για το νόμισμα στην πρώτη στήλη από το ευρύ κοινό εάν κάποιος επρόκειτο να αγοράσει dot άμεσα από το GCR.

Η επόμενη στήλη ή BID PRIM είναι το ποσοστό στο οποίο η GCR θα αγοράσει το νόμισμα από τους άμεσους εμπόρους GCR. Οι άμεσοι έμποροι GRC αποτελούνται από τις τράπεζες και άλλους εμπόρους και διαδικτυακές συναλλαγές με το Dot Money από το GCR που συναλλάσσονται με το ευρύ κοινό και τις άλλες επιχειρήσεις. Οι άμεσοι έμποροι GRC ανταλλάσσουν τα dot Money για άλλα νομίσματα για λογαριασμό τους. Κερδίζουν με την αγορά των dot απο μια έκπτωση από το GRC και την πώληση τους για περισσότερο απ' ό, τι τα αγόρασαν. Οι άμεσοι έμποροι GRC έχουν κέρδος αγοράζοντας πίσω χρήματα Dot σε χαμηλότερη τιμή από τι πωλούν.

Οι κατάλληλες επιχειρήσεις γίνονται άμεσοι έμποροι GRC με το να περάσουν από μια διαδικασία αίτησης στον ιστοχώρο του GCR στη σελίδα Partneships Applications και ,Dealers Exchanges tab.

Η επόμενη στήλη είναι η BID INST. Η BID INST είναι το μέσο ποσοστό στο οποίο το GRC αγοράζει Dot από τις κυβερνήσεις και τα οικονομικά όργανα που είναι σε θέση να συναλλάσουν πάνω από 1 δισεκατομμύριο αμερικανικά δολάρια το χρόνο. Οι θεσμικοί έμποροι των Dot έχουν άμεση πρόσβαση στο GCR και μπορούν να διαπραγματευτούν τις συναλλαγματικές ισοτιμίες τους άμεσα με το GCR.

Οι κατάλληλες κυβερνήσεις, οι ημικρατικοί οργανισμοί και τα οικονομικά όργανα καθιερώνουν μια σχέση με τη μετάβαση στον ιστοχώρο του GCR και στη σελίδα που λέει, «κυβερνήσεις, τράπεζες και όργανα.»

Οι επόμενες δύο στήλες είναι το BIT STAT ή Bid status και ASK STAT H ask status .Υπο τις κατάληλες συνθήκες το GCR μπορεί να πουλήσει η να αγοράσει οποιοδύποτε νόμισμα.Κι αν αυτοο συμβεί τότε θα εμφανιστέι ένα S στην στηλη Bit Stat ή Ask Stat.Οταν αγοράζουν η ανακεφαλαιοποιήσουν τότε θα εμφανιστεί ένα A σε αυτές τις στήλες .Οι στήλες ASK INST ,ASK PRIME και ASK RETAIL αντιπροσωπεύουν τις τιμές τις οποίες το GCR πουλάει Dot Money σε ιδρύματα,εμπόρους και αγορές.Ενα GCR νόμισμα είναι ένα κατάλληλο νόμισμα για συναλλαγές από το GCR επειδή η χρήση του Dot Money είναι επιτρεπτή και δεν απαγορευεται από τις κυβερνήσεις των χωρών.

Ακριβώς επειδή ένα νόμισμα είναι αποδεκτό στο GCR δεν σημαίνει ότι το GCR είναι υποχρεωμένο να συναλλάσει το Dot Money με αυτό το νόμισμα ούτε αφαιρείτε ο τύπος αναμονής από αυτό.

Επεξήγηση του προκαθορισμένου χρόνου χρήσης και των παρόχων ρευστότητας.

Όταν επισκεφθεί κανείς την ιστοσελίδα του GCR θα βρεί έναν κατάλογο με τίτλο "Οροι προκαθορισμένου χρόνου." Μπαίνοντας σε αυτό το μενού θα μεταφερθείτε σε μία σελίδ απου δείχνει το κόστος της αγοράς προκαθορισμένου χρόνου ή του χρόνου Dot.OI αγοραστές του προκαθορισμένου χρόνου ονομάζονται πάροχοι ρευστότητας

Οι πάροχοι ρευστότητας υποστηρίζουν το GCR διαθετοντας κεφάλαιο που διαχειρίζεται το GCR για να επαναγοράσει Dot Money και να βοηθήσει στην σταθερότητα της αγοράς του Dot και της ρευστότητας. Οι πάροχοι ρευστότητας αγοράζουν κωδικοποιημένο Dot Money σήμερα έτσι ώστε να το δαπανήσουν σε άλλη ημερομηνία.Σε αντάλλαγμα για αυτή την διαδικασία οι πάροχοι ρευστότητας αποκτού Dots με έκπτωση.

Επι του παρόντος το GCR πουλάει Dot προκαθορισμένης χρήσης με τις σημερινές τιμές αγοράς από ένα έως δέκα χρόνια.Οσο μεγαλύτερη είναι η χρονική διάρκει τόσο μεγαλύτερη είναι και η έκπτωση.Κατά αυτόν τον τρόπο έιναι δυνατόν να υπολογίσουμε το ετήσιο κέρδος από το Dot την ημέρα πόκτησής του.
Επειδή το Dot προκαθορισμένης διάρκειας μεταφέρεται αυτόματα στον ενδιαφερόμενο δεν μεσολαβέι καμία τράπεζα που να παρακρατεί τα Dot που κατέχει.Η καταγραφή ιδιοκτησίας του αγοραστή γίνεται αυτόματα από το σύστημα καταγραφής του DOT MONEY.Με αυτό τον τρόπο ο αγοραστής προστατευεται από απώλεια του Dot αφού υπάρχουν ανεξάρτητα από τυχόν αποτυχία οποιαδήποτε κυβέρνησης η χρηματοπιστωτικού ιδρύματος.
Όταν πάτε στη σελίδα με τους όρους του προκαθορισμένου χρόνου Dot θα δείτε αρκετές στήλες,στην πρώτη στήλη υπάρχουν τα ονόματα όλων των νομισμάτων που μπορούν να γίνουν συνάλλαγμα σε Dot Money.
Στην επόμενη στήλη θα βρείτε τους όρους παρκράτησης ανα έτος.Κάτω από τη στήλη OPOI είναι η στήλη INST ASK.Ολες οι τιμές κάτω από το INST ASK αντιπροσωπεύουν την τιμή που το GCR πουλά το DOT χρονικού περιορισμού σε χρηματοπιστωτικα ' ιδρύματα με τους συγκεκριμένους όρους που βρίσκονται στην παραπάνω στήλη.
Κάτω από την τιμή RATE/YR έιναι η νέα ισοτιμία κάτω από τη στήλη
PRIME ASK.Οι αξίες κάτω από αυτό είναι οι τιμές που το GCR πουλάει το DOT Money σε χρηματιστές.
Στην επόμενη στήλη το T Rate είναι η συνολική έκπτωση ή το σωρευτικό κέρδος που μπορεί να αποκτηθεί από τους όρους διάθεσης.Κάτω από την αξία του
T Rate έιναι η στήλη RETAIL ASK που δείχνει την τιμή που το GCR πουλάει προκαθοριμένο χρόνο DOT MONEY στην ανοιχτή αγορά όταν οι ενδιαφερόμενοι αγοράζουν απευθείας από το GCR.Ολες οι υπόλοιπες τιμές στις στήλες επανακινούνται με νέους όρους.

Σχετικά με τον Συγγραφέα

Ο συγγραφέας, ο Eric Major, ένας ειδίμονας στην ανάλυση της χρηματοπιστωτικής αγοράς και των αλγορίθμων, με Bsc of Electrical Engineering από το Πανεπιστήμιο του Κολοράντο. Ο κος Major είναι ένας πρώην καταγεγραμένος σύμβουλος επενδύσεων των Η.Π.Α και ιδιοκτήτης εταιρείας που συνεργαζόταν με τη CIA. Έχει υπηρετήσει ως αξιωματικός και διευθυντής σε έναν αριθμό εισηγμένων στο χρηματιστήριο εταιρειών και ως της διευθύνων σύμβουλος μιας διεθνώς επενδυτικής τραπεζικής επιχείρησης.Ο ίδιος έχει εξιδίκευση στα χρηματοπιστωτικά προιόντα και αποτελει τον κύριο εκφραστή της θεωρίας του Trade Series Management και του αντίσοιχου TSM λογισμικού προγράμματος.Ο κος Majors είναι ένας πιστοποιημένος σύμβουλος αυτογνωσίας,σύμβουλος επιχείρησεων, ομιλιτής, δάσκαλος και συγγραφέας. Ο κος Majors είναι ο συγγραφέας του "Financial Markets and Technical Analysis" (2005) και "Dot Money" (2014) και "Dot Money The Global Currency Reserve,Questions and Answers" (2014).

Από το έτος 2010 έως το 2013, ο Κος Majors πέρασε πάνω από 3 χρόνια σε μια Αμερικανική. Ομοσπονδιακή φυλακή αφού ομολόγησε την ενοχή του το 2009 με κατηγορίες που προκύπτουν από τη συνεργασία του με τη CIA και την εκμετάλλευση εμπιστευτικών πληροφοριών. Ως αποτέλεσμα των ποικίλων εμπειριών και διεθνούς έκθεσης του που οδήγησε σε φυλάκισής του ο Κος Major είναι τώρα σε θέση να μοιραστεί την μοναδική αντιληψή για τη ζωή και τις παγκόσμιες χρηματοοικονομικές αγορές.Το πράττει από την οπτική ενός ανθρώπου που είναι μέσα στα πράγματα ο οποίος μιλά τίμια και ανοιχτά.

Για περισσότερες πληροφορίες , επισκεφθείτε τις ιστοσελίδες:
www.EricMajors.com
www.DotMoneyBook.com
www.DotMoney.Cash
www.GlobalCurrency Reserve.com

ΣΧΕΤΙΚΑ ΜΕ ΤΟ ΒΙΒΛΙΟ "DOT MONEY"

Το Dot Money μπορεί να είναι το πιο σημαντικό βιβλίο της εποχής μας. Έχει όλες τις δυνατότητες να μεταμορφώσει τον κόσμο και τη ζωή κάθε ατόμου για το καλύτερο.Αυτό το βιβλίο εξερευνά τη σύσταση και τη χρήση των χρημάτων, του παγκόσμιου νομισματικού συστήματος, και τις προκαταλήψεις μας για το χρήμα.Στη συνέχεια, αποκαλύπτει τον τρόπο με τον οποίο οι απλοί άνθρωποι μπορούν να αναλάβουν τον έλεγχο του οικονομικού συστήματος σήμερα, καθιστώντας την εργασία τους ως μια εναλλακτική λύση για να εργάζονται απλώς για να τα βγάλουν πέρα.Το Dot Money είναι περισσότερο από ένα βιβλίο είναι ένα κίνημα.

Το Dot Money αποκαλύπτει το επόμενο βήμα στην εξέλιξη της παγκόσμιας οικονομίας και μας δείχνει πώς να λύσει τα σημαντικότερα προβλήματα της εποχής μας. Αυτό το βιβλίο έχει τις προοπτικές να μας δώσει τη δυνατότητα να ξεπεράσουμε την φτώχεια, και να αυξήσει το βιοτικό επίπεδο για κάθε άνθρωπο ανεξάρτητα από τους υπάρχοντες πόρους, την εκπαίδευση, τη φυλή, τη θρησκεία, την υγεία, την γεωγραφική θέση, τις πολιτικές ή κοινωνικές τους πεποιθήσεις.
Για περισσότερες πληροφορίες , επισκεφθείτε τις ιστοσελίδες:
www.EricMajors.com
www.DotMoneyBook.com
www.DotMoney.Cash
www.GlobalCurrency Reserve.com

ΣΧΕΤΙΚΑ ΜΕ ΤΟ ΒΙΒΛΙΟ "DOT MONEY, THE GLOBAL CURRENCY RESERVE, QUESTIONS & ANSWERS"

Το Dot Money είναι ένα νέο και επαναστατικό νόμισμα της παγκόσμιας κοινότητας που ενσωματώνει την τεχνολογία εικονικών νομισμάτων και προσθέτει πολλά νέα χαρακτηριστικά που του επιτρέπει να χρησιμοποιείτε με ή χωρίς τους υπολογιστές και το διαδύκτιο. Ο σχεδιασμός και ο σκοπός του Dot Money είναι να εισαγάγει μια νέα εποχή οικονομικής ευημερίας και σταθερότητας σε όλο τον κόσμο και να επιλύσει κάποια από τα σημαντικότερα προβλήματα που αντιμετωπίζει σήμερα ο κόσμος, συμπεριλαμβανομένων και του τερματισμού της φτώχειας.Το Παγκόσμιο αποθεματικό νόμισμα (GCR) είναι ο διεθνής και πρωτογενής διαχειριστής του Dot Money.

Το βιβλίο του "Dot Money The Global Currency Reserve,Questions and Answers" έχει σχεδιαστεί για να είναι σε θέση ο αναγνώστης να εξοικειωθεί με τους σκοπούς και τις λειτουργίες του Dot Money και του (GCR).Αυτό το βιβλίο είναι σχεδιασμένο να συνοδεύεται από το βιβλίο "Dot Money"(2014)του Eric Majors (**www.DotMoneyBook.com).Το** Dot Money μπορεί να είναι το πιο σημαντικό βιβλίο της εποχής μας.

Για περισσότερες πληροφορίες , επισκεφθείτε τις ιστοσελίδες:
www.EricMajors.com
www.DotMoneyBook.com
www.DotMoney.Cash
www.GlobalCurrency Reserve.com

www.ingramcontent.com/pod-product-compliance
Lightning Source LLC
Chambersburg PA
CBHW070836180526
45168CB00002B/853